kana
Shaman King
3
武井宏之
Hiroyuki takei

LES PERSONNAGES
AMIDAMARU
Le fantôme d'un samouraï qui vivait il y a six cents ans. Il fusionne son âme avec celle de Yoh.
ASAKURA YOH
Un shaman en phase d'apprentissage. Il relie notre monde à celui de l'au-delà.
KYÔYAMA ANNA
La fiancée de Yoh, c'est une itako originaire de la montagne Osorezan.
OYAMADA MANTA
Un ami de Yoh. Le principal atout du personnage se trouve dans l'encyclopédie qu'il porte toujours sous son bras.

RÉSUMÉ DE L'ÉPISODE PRÉCÉDENT.

Un nouvel élève qui vient de déménager d'Izumo est arrivé dans notre classe. En fait Asakura Yoh est un shaman ! Le shaman est une personne qui sait entrer en communication avec les dieux et les esprits, pour s'approprier momentanément leurs forces et leurs pouvoirs. Yoh est venu ici pour parfaire son apprentissage de shaman, il s'est attiré les services d'un fantôme, le fameux Amidamaru qui n'est autre qu'un samouraï qui vivait il y a six cents ans ! Mais Jun, la sœur d'un autre shaman, Ren, veut s'emparer d'Amidamaru ! Grâce à l'intervention d'Anna, Yoh a pu protéger son fantôme...

SOMMAIRE

Épisode 18
BEST PLACE TREKKER

GROGNE
DIS... RYÛ...
HEIN ? QUOI ?! QU'EST-CE QUE T'AS CONTRE MA TÊTE ?!

JE NE PARLAIS PAS DE ÇA...
JE SAIS QUE LA CHANCE N'EST PAS DE NOTRE CÔTÉ CES DERNIERS TEMPS... MAIS CE N'EST PAS UNE RAISON POUR S'ÉNERVER.

LA FERME !! LA FERME !! ET PUIS, FERME-LA !!
EN CE BAS MONDE, IL N'Y A NI DIEU, NI PERSONNE !!
ON ME BRAQUE MON SABRE DE BOIS ! ON M'ARRACHE MA NOUVELLE COIFFURE !!

SON MORAL EN A PRIS UN COUP...
UWUOOOW
MUSCLE PUNCH ? T'AS PAS UN PLAN ?
C'EST POUR ÇA QUE JE VOULAIS LUI PARLER !

JE VIENS DE DÉCOUVRIR UNE NOUVELLE PLANQUE !

Épisode 18

BEST PLACE TREKKER

DIS, MANTA ?

TU CROIS QUE CELUI-CI FERA L'AFFAIRE ?
LE SABRE QU'ON VA RENDRE À BOKUTOU ?

YOH, TU VEUX VRAIMENT RENDRE LE SABRE À RYÛ ?
CADEAUX-SOUVENIRS
JE N'AI PAS LE CHOIX, JE LUI AI CASSÉ SON SABRE.
YAKI
300 yens le paquet

TU AS RAISON, ON DOIT RENDRE CE QUE L'ON A EMPRUNTÉ...
MAIS TU PENSES VRAIMENT QUE CE GARÇON LE MÉRITE ?
DÉESSE KWANNON
PHOTO EN VENTE ICI

AH !
MANTA, J'SUIS DÉSOLÉ, MAIS TU POURRAIS ME PRÊTER DES SOUS ?
J'AI LAISSÉ MON PORTE-MONNAIE À LA MAISON.
QUOI ! ALORS TU NE M'ÉCOUTAIS MÊME PAS ?!
VENTE ICI

PFUUH

ÇA C'EST VRAIMENT TOI...
T'AS BESOIN DE COMBIEN ? JE VEUX BIEN PAYER LA MOITIÉ...
PFFU

ÉHÉ HÉ HÉ ! VRAIMENT DÉSOLÉ, MANTA...
TU N'AS QU'À VENIR CHEZ MOI CE SOIR, JE TE LES RENDRAI.

CHEZ LUI ?

JE RÉALISE QUE JE NE CONNAIS RIEN DE SA VIE !
JE NE SAIS MÊME PAS OÙ IL HABITE !
ACCESSOIRES
OOOH...

EUH... M'OUI...
D'ACCORD !! ON ACHÈTE SON SABRE ET ON VA À LA MAISON !!
300
EUPS...!
ÇA M'INTRIGUE ÉNORMÉMENT !!!

BATTING
GAME CENTER
FUMBARI BOWL
BATTING
BLAM

...
C'EST NOTRE NOUVEAU...

... BEST PLACE...!!

LE BOWLING DE FUMBARI...
NUWP

AU TERMINUS DE LA LIGNE "COLLINE DE FUMBARI", 30 MIN DE BUS, PLUS 10 MIN DE MARCHE...
TROP LOIN DU CENTRE-VILLE, LES CLIENTS NE VENAIENT PAS. IL A FALLU FERMER.
P
DÉFENSE D'ENTRER

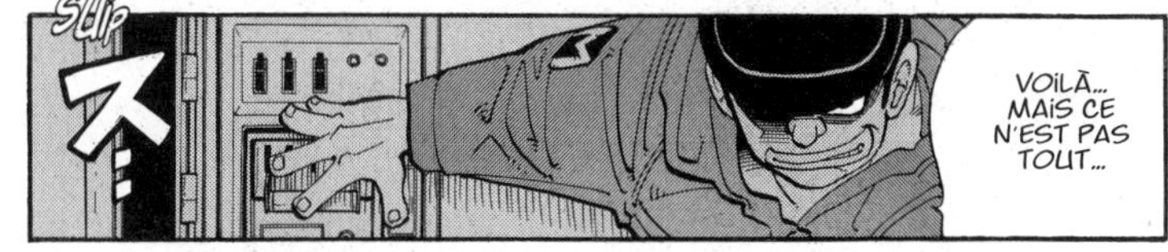
VOILÀ... MAIS CE N'EST PAS TOUT...
SLIP

CE LIEU EST ENCORE VIVANT !!
KAAA

DINGUE !!!
DÉMENT ! COMMENT T'AS FAIT POUR TROUVER ÇA ?!
JE ME SUIS JUSTE PERMIS DE TRAFIQUER UN PEU LE CIRCUIT ÉLECTRIQUE.
GRÂCE À CETTE MANIP', ON PEUT PROFITER DE TOUS LES JEUX !

ALORS RYŪ ? C'EST UN BEST PLACE GÉNIAL, NON ?

MUSCLE PUNCH...
TOI, T'ES VRAIMENT ...

OUI, RYŪ...

... UN ÂNE ! TU N'AS RIEN COMPRIS AU BEST PLACE !!!
BIM
BUOF

JE COMPRENDS PAS ! QU'EST-CE QUE...?!
AÏE AÏE...

NOTRE BEST PLACE...
... N'EST PAS UN LIEU DE PLAISIR ! C'EST UN ENDROIT MAGIQUE OÙ NOUS POUVONS ENFIN NOUS POSER EN PAIX. T'AS OUBLIÉ ?

D'ABORD, C'EST LOIN DE LA GARE ET EN PLUS IL N'Y A PAS DE SUPÉRETTE DE NUIT !!
VIUF
MAIS... ON N'EST PAS À LA RECHERCHE D'UN APPARTEMENT...

RUY... RYÛ !!

WOUiiN
ON S'EST TROMPÉS !!
ON VA POURSUIVRE NOTRE ROUTE ! RECHERCHER UN LIEU OÙ NOUS POUVONS NOUS POSER EN PAIX !!

...
BOWLING

FUAW
ATTENTION TRAVERSÉE DANGEREUSE

...
?
RYÛ...? QU'EST-CE QUI T'ARRIVE ?
J'AI TROUVÉ...

MON BEST PLACE À MOI...
GLANG
COMMENT ?!!

UNE MINUTE ?! CETTE GAMINE ? LE BEST PLACE ?!
MAIS OUI... JE N'Y AVAIS JAMAIS PENSÉ...

MON BEST PLACE EST DANS LE COEUR D'UNE JEUNE FILLE...!

M'ZELLE, VOULEZ-VOUS DEVENIR MON BEST PLACE ?
ZBAAAM
QUOI ?!!!

?

T'AS UNE DRÔLE DE TÊTE.

RYÛ !!!
CHEF ! ÇA VA ?!!
PLOC
PLOC
DASH

QU'ON NE ME DISE PAS QU'IL VIENT D'AVOIR UN COUP DE FOUDRE ?! LUI QUI EST SI BOURRU !
URH...
URRH...
ET EN PLUS POUR UNE GAMINE QUI MARCHE DANS UN ENDROIT AUSSI DÉSERT !!

BANDE DE CRÉTINS !! C'EST JUSTEMENT CE QUI LA REND MYSTÉRIEUSE ET BELLE !!
RIEN À FOUTRE DE MA COUPE ! MOI, C'EST AVEC MON COEUR QUE JE LUTTE !!
LES GARS !! VOUS ALLEZ SUIVRE CETTE FILLE !!
HEIN ?!

COMMENT ...?!
UNE MAISON AUSSI BELLE ?!
BLAM

LA MAISON DE YOH...?
UNE SORTE DE LOCATION... ENFIN, MANTA, VIENS !
ÉPATE

MAIS... LE LOYER DOIT ÊTRE...

UNE MAISON PAREILLE POUR VIVRE SEUL...
ÇA DOIT ÊTRE CHER À LOUER, NON ?

NON, JE NE SUIS PAS TOUT SEUL.
ET EN PLUS, JE NE PAIE QUE 1000 YENS (ENVIRON 60 FF).
COMMENT ?
HEIN ?!
ME VOILÀ !!
ZRAA ZRAA
?!
TIENS !
MANTA, TU NOUS RENDS VISITE ?
ERPS ! ANNA ?!
GRRR
T'EN FAIS UNE TÊTE ?! T'AS QUELQUE CHOSE À ME REPROCHER ?
TU VIENS DE DIRE "ME VOILÀ" ! ÇA M'A ÉTONNÉ !
MAIS... ÇA VEUT DIRE QUE...? C'EST POSSIBLE ?
QUOI ?! ILS VIVENT EN COUPLE ?!
KWAA
SI JEUNES, ET DÉJÀ EN MÉNAGE !! JE NE PEUX PAS TOLÉRER ÇA !!

...

AH !
C'EST BOKUTOU NO RYÛ.

...!!
MAIS... VOUS ÊTES... CEUX DE L'AUTRE JOUR !
OUIPS !
QU'EST-CE QUE VOUS FOUTEZ ICI ?!

T'ES ENCORE LÀ, TOI ?
CE QUE JE FAIS ICI ?
GLANG
YOH EST...
... MON FIANCÉ, C'EST TOUT.

FIANCÉ
ZBiM
FUHH...
WOUiiiN
うわあああ
Z'AVEZ PAS LE DROIT !!
VOUS ME LE PAIEREZ ! C'EST PAS JUSTE !!!
ZDAAA
AH ! CHEF !!
SCRAC
SWAP

SON SABRE.
...
COMMENT ÇA, "VOUS ME LE PAiEREZ" ?! PAS COMPRIS...
PFFH
CHEF ! ATTENDS-NOUS !

MAIS QUAND MÊME !
JE SUIS VRAIMENT ÉTONNÉ.
VOUS HABITEZ ENSEMBLE ...
VOS PARENTS ONT ACCEPTÉ ÇA FACILEMENT ?
HEIN ?
QU'EST-CE QUE TU RACONTES, ON N'EST PAS QUE TOUS LES DEUX.
BLiP

C'EST VRAI, MANTA, TU AS DÉJÀ OUBLIÉ AMIDAMARU ?
Bienvenue chez nous, Manta.
BIONG
AH ! COMME ÇA, C'EST PLUS RASSURANT !
AHAHA
TU PARLES DE QUOI ?
IL N'Y A PAS QU'AMIDAMARU.

ON N'A AUCUNE INTIMITÉ ICI, C'EST PÉNIBLE...
IL T'A PARLÉ DE L'HISTOIRE DU LOYER ?
?
LE LOYER ? 1000 YENS, C'EST ÇA ?

T'ES NUL !
UNE MAISON AUSSI GRANDE POUR CE PRIX...
TU TE DOUTES BIEN QUE ÇA CACHE QUELQUE CHOSE.

NON...

NOOOON !!!
ILS SONT SOUVENT LÀ.
BIONG BIONG BIONG BIONG
SKLAK

EUH...
LE COUPLE QUI VIT AVEC LES FANTÔMES...

IL PARAÎT QUE C'EST UNE ANCIENNE AUBERGE QUI A BRÛLÉ DANS UN INCENDIE.
CE QUI EST BON MARCHÉ EST SOUVENT SUSPECT.

VA-T'EN !
NOUS, ON NE CRAINT PAS D'ÊTRE ENNUYÉS PAR EUX.

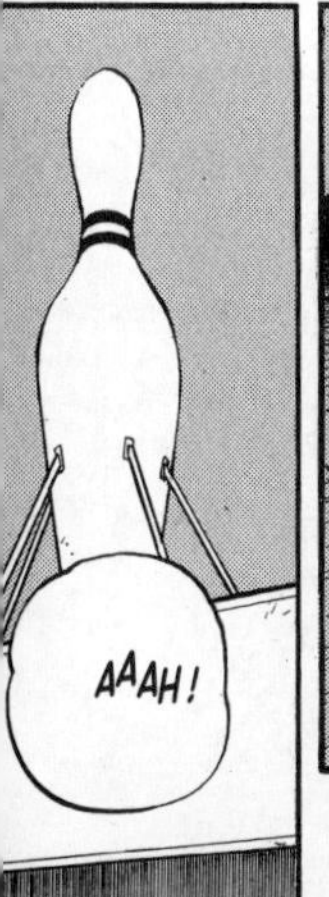
AAAH !

IL NOUS A DIT DE DÉGAGER CE SOIR PARCE QU'IL VOULAIT ÊTRE SEUL POUR NOYER SON CHAGRIN !!
RYÛ N'EST PAS UN CHEF FACILE.
J'SAVAIS PAS QU'IL AIMAIT CE GENRE DE GAMINE.
SI ÇA SE TROUVE ON VA ARRÊTER DE CHERCHER NOTRE BEST PLACE...
AH !
BALL BOY, T'AS OUBLIÉ QUELQUE CHOSE ?

JE VIENS DE ME SOUVENIR D'UNE HISTOIRE DE MA GRAND-MÈRE.
LE BOWLING EST UN ENDROIT MAUDIT OÙ TOUTES LES AFFAIRES FONT FAILLITES...

AHAHAHA
C'EST QUOI CES BALI-VERNES ?!
ENCORE UNE HISTOIRE DE DINGUE !
HA HA HA

URRH
URRH
CE CRÉTIN AVEC SON CASQUE SUR LA TÊTE.
IL A ENCORE BLESSÉ MES SENTIMENTS LES PLUS SENSIBLES...!!
TREMBLE
TREMBLE
TREMBLE
PAS JUSTE !!!
GRRRAAA

Hyii Hyii Hyii...
Tu n'as qu'à le tuer...
VLAF
QUI ?!!
Y A QUEL-QU'UN ?!!
No 4

Dans ce cas...
Tu veux que je t'aide à tuer ce gamin ...?!

SHAMAN KING CHARACTER FILE No.10

YOH ASAKURA
1989

Épisode 19 600 ANS DE FATALITÉ

Je suis sérieux. Si tu veux réellement tuer ce gamin...
... moi, Tokageroh, je suis disposé à te fournir mon aide.
BWUOOOM

Mon frère !!

GRYii...

GYAAAAAAAAA !!
AAAAAH

Épisode 19 600 ANS DE FATALITÉ

WAH HA HA !!!
LA MALEDICTION DE TOKAGEROH ?!
FUMBARI BOWL à 100 m
この先 100M
C'EST QUOI CE NOM RIDICULE ? T'ES UN NIAIS ! TU CROIS AUX HISTOIRES DE FANTÔMES ?!
MAIS, JE VOUS DIS QUE C'EST VRAI !
MA GRAND-MÈRE NE PLAISANTAIT PAS ! ELLE S'Y CONNAIT VACHEMENT DANS CES TRUCS !

TSHH... OUI ET ALORS ? IL FAIT QUOI, CE TOKAGEROH ?
WAAH
LE BOWLING A FAIT FAILLITE À CAUSE DES APPARITIONS RÉGULIÈRES DE FANTÔMES !!
C'EST UN BANDIT !!!
IL VOLAIT TOUT CE QUI ÉTAIT POSSIBLE DE VOLER ! LA VIE, LA NOURRITURE...
IL Y A 600 ANS, IL ÉTAIT À LA TÊTE D'UNE TROUPE DE BRIGANDS TRÈS REDOUTÉE DANS LA RÉGION.

IL Y A 600 ANS...?
TU NOUS AS DÉJÀ RACONTÉ UNE HISTOIRE SIMILAIRE LA DERNIÈRE FOIS...
OUAIS, UN TRUC GROTESQUE SUR LA TOMBE DE MACHIN...
GROGNE
OUI, JUSTEMENT, ELLE EST À L'ORIGINE DE CETTE MALÉDICTION !

CETTE COLLINE ÉTAIT AUTREFOIS LEUR REPAIRE...
UN SOIR OÙ ILS SE LIVRAIENT AU PILLAGE, UN HOMME AVEC UN SABRE EST APPARU.

LES BRIGANDS ONT TOUT DE SUITE REPÉRÉ LE MAGNIFIQUE SABRE QU'IL PORTAIT SUR LUI.

ET AU LIEU DE S'EMPARER DU SABRE, ILS ONT ESSUYÉ UNE SÉRIEUSE DÉFAITE.

BATTUS PAR UN SEUL HOMME... CELUI QU'ON SURNOMMAIT "LE MONSTRE".
LE FAMEUX AMIDAMARU.

ZOMB
AMIDA-MARU...!!

EH OUI ! MÊME AUJOURD'HUI, LA RANCUNE DE TOKAGEROH EST INTACTE. IL N'HÉSITE PAS À...
BALLBOY

GYAAAA
ZOMB
GYAAAAAA !!

EH !!
C'ÉTAIT LA VOIX DE RYÛ !
ÇA VIENT DU BOWLING.
TU CROIS QUE...

J'SAIS PAS, MAIS ON VA JETER UN OEIL !
OUAIS !

GYAAAAAA!!!

YOH !! À L'AIDE !!
VLAM
MANTA ? QU'EST-CE QUE T'AS ?
UN VIEILLARD VIENT DE SORTIR DES TOILETTES !!!
AAAAAAH
ああああ
C'EST TAMEGORÔ, L'ANCIEN PROPRIÉTAIRE DE L'AUBERGE.
PFFH
ENCORE CE VIEUX COCHON !
IL FAUT PAS EN AVOIR PEUR, C'EST UN TROUILLARD.
...
JE PEUX RENTRER CHEZ MOI ?
HAAAH...
J'SAIS PAS COMMENT ILS FONT POUR VIVRE AVEC DES FANTÔMES.
IL FAUT ÊTRE SHAMAN POUR SUPPORTER ÇA.

Uhm ?
Manta, tu rentres déjà ?

TU M'ÉPATES, TU T'ENTRAÎNES TOUS LES JOURS COMME ÇA ?
JE N'AI PAS TROP L'HABITUDE DES FANTÔMES. JE PRÉFÈRE RENTRER.
Ha ha, pas étonnant, les humains et eux ne sont pas faits pour se rencontrer.

?
TU AS RAISON, CE N'EST PAS NORMAL.
HAAH

APRÈS TOUT, POUR MOI, C'EST RÉCENT.
JE N'EN AVAIS JAMAIS VU ET EN PLUS JE N'Y CROYAIS PAS.

DIS-MOI, AMIDAMARU ?

POURQUOI JE ME SUIS MIS SUBITEMENT À LES VOIR ?

Humm
Je ne sais pas du tout.
PFFH
BON, BONNE NUIT, AMIDA-MARU.

Mais je crois qu'il n'y a pas de quoi s'inquiéter.

Ceux qui voient les fantômes ne sont pas de mauvais humains.
Ça veut dire que tu es quelqu'un de bien.

HAH...
MERCI QUAND MÊME.

QUEL-QU'UN DE BIEN... ÇA N'EXPLIQUE PAS TOUT.
UHMM

ALORS, QU'EST-CE QUE QUEL-QU'UN DE BON OU DE MAUVAIS ?

GWUAAAAAAAA
ERPS !
OUIIPS
C'EST QUOI ?!
DE L'ALCOOL !! SERVEZ-MOI DE L'ALCOOL !
GWUA HA HA HA...

C'EST UN GRAND JOUR ! LE JOUR DE MA RÉSURRECTION !!
ALLEZ !! CONTINUEZ À APPORTER DE L'ALCOOL !
STRIKE
STRIKE
ZBAAAM

BOKU-TOU NO RYŪ !
QU'EST-CE QU'IL FAIT LÀ ?
EEH !
CALME-TOI, RYŪ ! TU AS TROP BU !!
ET EN PLUS, TU DIS TOUJOURS : JAMAIS D'ALCOOL AVANT LA MAJORITÉ !
IL ME SEMBLAIT QU'IL NE TENAIT PAS L'ALCOOL...!!
Bwuaaa...

Kru Kruu...
C'est bon d'avoir un corps pour se saouler.
Ça fait 600 ans que je n'avais pas ressenti ça.

FUAW
HEIN ?! 600 ANS ?
600 ANS ? IL EST BIZARRE DEPUIS NOTRE RETOUR...
Kre kree kreee
600 ANS...?

600 ANS, ÇA VEUT DIRE QUOI ?
L'AMBIANCE EST BIEN SUSPECTE...
FLAP
Raaah...
Aujourd'hui, c'est un grand jour pour moi.
Je bois de bons trucs et je récupère un bon corps...
FLAP

JE VAIS ENFIN POUVOIR PRENDRE MA REVANCHE !!!
AMIDAMARU !!!
RAAAH !
DONG
?!!

GWUAA HA HA AH HA
BDOM BDOM
EUH...?!
C'ÉTAIT QUOI...?
J'AI PAS RÊVÉ ?!
BDOM
BDOM
GLOUP
IL Y AVAIT UN TRUC D'ACCROCHE À RYÛ ?!
EN PLUS !!!
IL PARLAIT DE SE VENGER D'AMIDAMARU ...!!
GLOUP
OUIPS
HÉ TOI, LÀ !!
!!
OUI, TOI !
HEIN?
...

HÉ, TOI !
Tu connais un sabre qui s'appelle Harusame ?
HARUSAME

!
LE HARUSAME ?!

HARU-SAME ?

LE HARUSAME, C'EST... LE FAMEUX SABRE D'AMIDAMARU QUI EST CONSERVE AU MUSÉE...

Oui.
Vous, allez au musée.
MUSÉE MUNICIPAL DE FUMBARI

Vous allez voler ce sabre.

QUOI ?!

KOAAAAA ?!!

RYÛ ! PAS SI VITE !!
SI ON FAIT ÇA, ON VA DEVENIR DES VOLEURS !
ET D'ABORD, POURQUOI BOKUTOU NO RYÛ UTILISERAIT UN VRAI SABRE ?!
Hah !

C'est pour assouvir une vengeance qui me tourmente depuis 600 ans.
Je le tuerai avec son propre sabre.
Je ne ferai pas que le décapiter.

On ne décapite pas un fantôme.
EHE
Je vais le faire déguster à ma manière, c'est tout.

Kru kruu
...
ON N'EST PAS AU COURANT POUR LA VENGEANCE, MAIS ON NE VOLERA PAS.
YUP
YUP
SURTOUT UN SABRE...
Kru kruu
ET EN PLUS, CHEF ! TU NOUS DIS TOUJOURS UNE CHOSE...
QUE C'EST ILLÉGAL D'AVOIR UNE LAME ET QUE TU N'EN AURAIS JAMAIS !
ET QUE LE VOL, ÇA FERAIT DE LA PEINE À NOS PARENTS !!
OUI !! AUJOURD'HUI, RYÛ N'EST PAS LE RYÛ QU'ON CONNAIT !!

Y a rien de curieux.
LAME
Tokageroh est un brigand, je ne fais que mon travail.

HEIN ?
QUOI ...?
TOKAGEROH ?!
GLURP

GURPS
GWUAAAAA !!!
MUSCLE PUNCH (SON SURNOM) !!!
J'Y... J'Y CROIS PAS !
TU DÉ-CON-NES ?!!
iL L'A PLANTÉ POUR DE VRAi !!
ZBAAM
TOKA-GEROH ?! C'EST QUOi CETTE HiSTOiRE ! RYÛ, T'ES DEVENU DiNGUE OU QUOi ?!
POUR-QUOi AS-TU PLANTÉ MUSCLE PUNCH ?!!
Vous êtes trop mous ! Si vous voulez mener à bien vos projets, il faut assurer !
Dans la vie, c'est celui qui vole le premier qui gagne !
Pour la gloire, l'argent, les femmes...

BON ! BOUGEZ-VOUS LE CUL ET RAMENEZ-MOI LE HARUSAME ! SINON...
KLING
... JE VAIS VOUS VOLER VOS MISÉRABLES VIES D'INSECTES !

BATTING
BARI BOWL
...!!
ダダーッ
ZDAASH
HYii
ERRRPS !

AWAW WAAW... ÇA CRAINT !!
JE COMPRENDS PAS TOUT, MAIS JE VIENS DE VOIR UN TRUC QUI CRAINT...

ET CE TOKA-GEROH...?! IL EST QUOI AU JUSTE ?!

ET POURQUOI SE COLLER SUR BOKUTOU NO RYÛ ?!
TOUT ÇA N'A RIEN DE BON...
IL FAUT QUE JE PRÉVIENNE YOH AVANT QU'IL NE VOLE LE HARUSAME.
RAMPE
RAMPE
SRRA
SRRA

Heps, là !!
SWAP

Oyamada Manta, tu vois, les choses ne sont pas aussi simples.
GYOPS
ZBOM

EUH...

Tu te demandes comment je connais ton nom ?
Tu sais, être un fantôme, ça peut être pratique. Hé hé...

Je suis au courant de toutes vos actions.
Je connais tout de la vie d'Amidamaru !

Mais quand même, aujourd'hui c'est mon jour de chance.
Je viens de récupérer facilement un parfait appât pour m'occuper de ce bâtard d'Amidamaru !

UN APPÂT ?

Ma vengeance consiste à le décapiter pendant qu'il fusionne. Il sera tué par son propre sabre et il mourra avec son maître actuel !
Imagine le plaisir que j'aurai à le décapiter ! Et la tristesse d'Amidamaru de voir son maître tué par son propre sabre ! Je vais beaucoup m'amuser !

AH...
C'EST HORRI-BLE !!
TU N'ESPÈRES QUAND MÊME PAS BATTRE AMIDAMARU ?!
Il ne pourra rien faire, puisque c'est toi qui...
... vas me servir d'otage !!
ÉHÉ
URHH
UWAAAAW

Maître Manta ?

MANTA ...?

...!

MANTA !!!

SHAMAN
KING
3

PANCARTE DE
L'AUBERGE "EN"

Épisode 20

L'ATTAQUE VIRULENTE DE TOKAGEROH

MANTA !!!
PROPANE
プロパ

...

...? D'OÙ ME VIENT CETTE SENSATION ÉTRANGE ?

J'AI EU L'IMPRESSION D'ENTENDRE MANTA CRIER...

BON... J'AI DÛ RÊVER...
IL DOIT ÊTRE CHEZ LUI DEPUIS LONGTEMPS.
ZIP ZRIP
ガチャ
ガチャ

NON, MAÎTRE !! VOUS N'AVEZ PAS RÊVÉ !!
NUORP
UWWAW !! AMIDA-MARU !!
GYOPS
ギョ

Je viens de ressentir une chose étrange !
Je pense que nous avons eu la même sensation !
COMMENT ÇA ?!
ALORS, IL EST ARRIVÉ QUELQUE CHOSE À MANTA ?
C'EST LA PREMIÈRE FOIS QUE JE RESSENS ÇA.
CEUX QUI POSSÈDENT UNE SENSIBILITÉ SIMILAIRE PEUVENT ENTRER EN COMMUNICATION.
!

C'EST LE LOT DE MAUVAISES NOUVELLES APPORTÉ PAR LES ÉTOILES.
KTONK
EN GÉNÉRAL, AU JAPON, CE SONT LES INSECTES QUI LES COLPORTENT.
J'AI RESSENTI LA MÊME CHOSE.
Toi aussi, Anna ?!
NUORP
MAIS ! VOUS POUVEZ PAS ME LAISSER "FINIR" TRANQUILLE ?!
UHMM !

BREF !
IL FAUT SE DÉPÊCHER, ON DOIT RETROUVER MANTA !
Kruu kruu
!!
Je crois que ça sera inutile.

Je me suis permis de faire le déplacement.
C'est très simple.
FIRE MAN

EHE
MMMMH !!

MANTA !!!
Du calme, reste où tu es !!
KLOPS
BWUOF
BWUOF
Si tu fais l'idiot, je brûle la baraque !
AAH ?!
DIS RYÛ... ON DEVRAIT LAISSER TOMBER POUR LA VENGEANCE...
TOUTES CES HISTOIRES POUR UNE FILLE, ÇA PARAÎT EXAGÉRÉ, NON ?
Kruu kruu !
J'en ai rien à foutre de cette fille, je n'ai qu'un seul objectif.
AMIDAMARU !!!
JE DOIS ME VENGER DE TOI !!

Maître !! Il m'en veut encore de lui avoir coupé sa coiffure !!
COMMENT ?!
ABRUTI ! L'AUTRE IDIOT N'A AUCUN POUVOIR ! IL NE PEUT PAS SAVOIR QUE C'EST TOI !

HAH !
EH BIEN ALORS ? C'EST QUOI ?
ÇA VEUT DIRE QUE CHACUN PEUT POSSÉDER UNE SENSIBILITÉ.

EN CLAIR, CE GARÇON EST POSSÉDÉ PAR UN ESPRIT.
IL SERAIT PEUT-ÊTRE TEMPS QUE TU NOUS MONTRES TA SALE TRONCHE ?

Kru kruu...
Hé, la gamine ! Surveille un peu ton langage !
Sais-tu au moins qui je suis ?
WOOOW

?

J'ai profité de la colère de celui qui m'héberge pour fusionner avec lui.
Et tout ça dans un seul but...

ME VENGER DE TOI, AMIDAMARU !! JE VAIS TE TUER !!
MOI, TOKAGEROH, LE ROI DES BANDITS !!
BLAM

C'EST UN NOM RINGARD.
C'EST À TOI QU'IL EN VEUT, TU LE CONNAIS ?
ET TOI ? TU ES QUI AU JUSTE ?!
GLANG
ガーン
QUOI!!!!?!!

Attends !! Ne me dis pas que tu as déjà tout oublié ?
Je suis un chef de bande que tu as assassiné il y a 600 ans ! Je suis venu me venger...!!

TU DEVAIS ÊTRE NUL COMME MEC !
ÇA NE TE DIT VRAIMENT RIEN ?
LA POURRITURE ÉTAIT ABONDANTE À CETTE ÉPOQUE !
GLANG
ガーン
QUOIII ?!!

Cette enflure ne se souvient plus de moi !
Continue à te foutre de ma gueule et tu vas voir ce que je vais lui faire !!
GUIP
グイッ
UGAAAAAW

GLANG
COMMENT ?!
UERRRPS
MUOH
MUOH
MOI, JE M'EN FOUS.

BON, TU VAS DIRE CE QUE TU ATTENDS DE NOUS !
TU DÉTOURNES BOKUTOU NO RYU ET EN PLUS TU KIDNAPPES MANTA !!

Éhé
Ça aurait pu être n'importe qui, j'avais besoin d'un corps et d'un otage !
BIONG

Tout ça pour tuer celui qui a fusionné avec toi, Amidamaru !

TUER ?

Tu veux peut-être te venger de moi, mais tu n'as pas besoin de prendre un otage.
Arrête !
TOUCHE À MANTA ET JE TE DÉCAPITE SUR-LE-CHAMP.
SLIP

Amidamaru, arrête de nous baratiner !
Kerps...
GIPS
Et tu serais capable de le couper ? Lui ?
Le corps de ce garçon que j'ai emprunté ?
Ehmm... Tu es une véritable petite frappe...
Je n'aurai même pas besoin de te décapiter.

PTA
PTA
je n'ai qu'à détruire ton arme et il ne te restera rien pour me défier.
EHE
Essaie un peu pour voir...
MMMH !!
ZRIP
UARRPS !
CE SABRE EST CELUI DE...
AMIDA-MARU, IL FAUT PAS !!
!
Morveux ...!
QUI T'A PERMIS DE L'OUVRIR ?!
ZBAAM

MANTA !
TU AS OSÉ.....!!
YOH !
HYUN
HYUN
VLOOM
SPAF
LE SABRE DE BOIS QU'ON A ACHETÉ POUR RYÛ ! (800 YENS* DANS UNE BOUTIQUE DE SOUVENIRS).
*ENVIRON 50 FF
EN AVANT !!!

FUSION !!!
AMIDAMARU !!!
VLAM
!
NON ! AMIDAMARU, TU NE PEUX PAS DÉTRUIRE CE SABRE !!
C'EST LE HARU-SAME !!
PRIS DANS LE PIÈGE !!

Hein ...?!

C'est trop tard.

SLIP
LE KEMPÔ DE TAKAGE

....!!

ZBAAM
NUKI-UCHI !!!
AH...

WUAAAW
GYAAAA!!!
RYU A FINI PAR TUER UN HOMME !!!

...

Tshh...
Voilà une chose épatante.

Sacré Amidamaru !
Il a réussi à éviter le coup dans cette mauvaise posture.

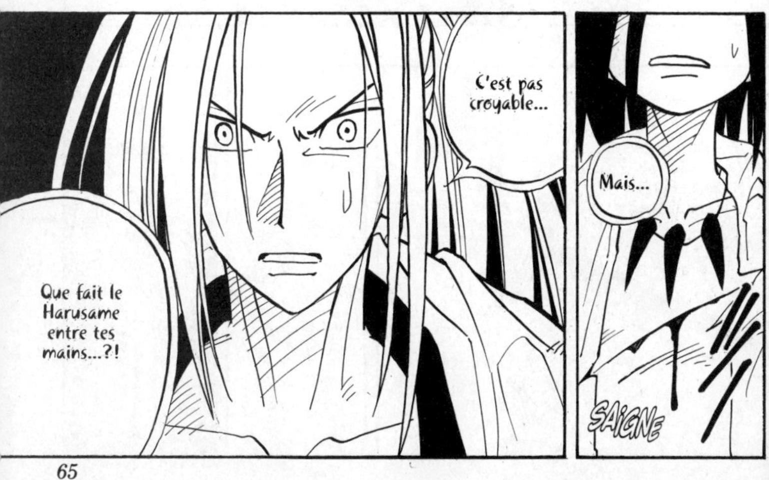
Mais...
SAIGNE
C'est pas croyable...
Que fait le Harusame entre tes mains...?!

Abruti ! Je sais très bien que je suis incapable de te battre.
Comment ?!

Je suis assez faible pour me faire tuer facilement par toi.

Où veux-tu en venir ?!
Le Harusame est un objet qui scelle l'amitié entre Mosuke et moi !!
C'est un objet trop précieux pour un simple voleur comme toi !!

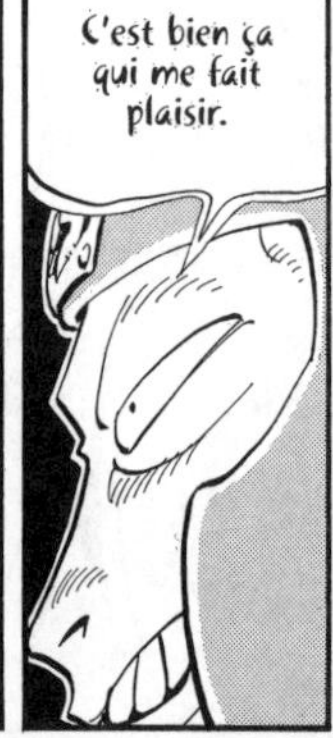
C'est bien ça qui me fait plaisir.

COM-MENT ?

J'ai été tué autrefois pour obtenir ce sabre.
GRIP

C'est pour ça que je dois me venger de toi en te tuant avec ce sabre.
Et en plus, tu vas mourir avec ton maître.

Ton plus cher ami va être tué par un sabre qui a beaucoup de valeur pour toi.
C'est la plus grande humiliation que puisse subir un samouraï, pas vrai ?

Tu n'as aucun moyen pour éviter ça...
ZUM
Voilà la méthode de Tokagerô.

LE...!!

Épisode 21
LA PLUIE PRINTANIÈRE
FROMIS
ダミダ
BANK
STAR HÔTEL
COLLINE DE FUMBARI
MAP
bienvenue !
La tour de Fumbari
Ligne Nishigishi
Quartier commercial
Gare
Ligne Shibotani
Place de la gare
Vous êtes ici
Déesse Kwanon de Fumbari
Mairie de Fumbari
Commissariat de Fumbari
Temple shintô de Fumbari
Temple bouddhique de Fumbari
Cimetière de Fumbari
Musée de Fumbari
Caserne de pompiers
Bowling de Fumbari
DÉESSE KWANON
DE FUMBARI
IMMO
RYÔBYÔ
OCULIS
DÉFENSE DE FUMER AVANT 20 ANS

Café
DEIBU
Ouvert toute l'année
年中不況
100% OFF
À SAISIR
SHOP
B·P

Kerps kerps
Que dis-tu de ça, Amidamaru ?!

Moi, j'ai emprunté ce corps !

J'ai aussi un otage !

Et pour finir, le Harusame est entre mes mains !

J'ai ces trois choses qui me servent de bouclier !
DIONG

C'est ça, ma vengeance !!!
Amidamaru... Tu as commis une grave faute en me provoquant.

HYUUUUUUUUU
... Espèce de lâche...

Comment le sortir de sa fusion...
Qu'est-ce que je dois faire...?

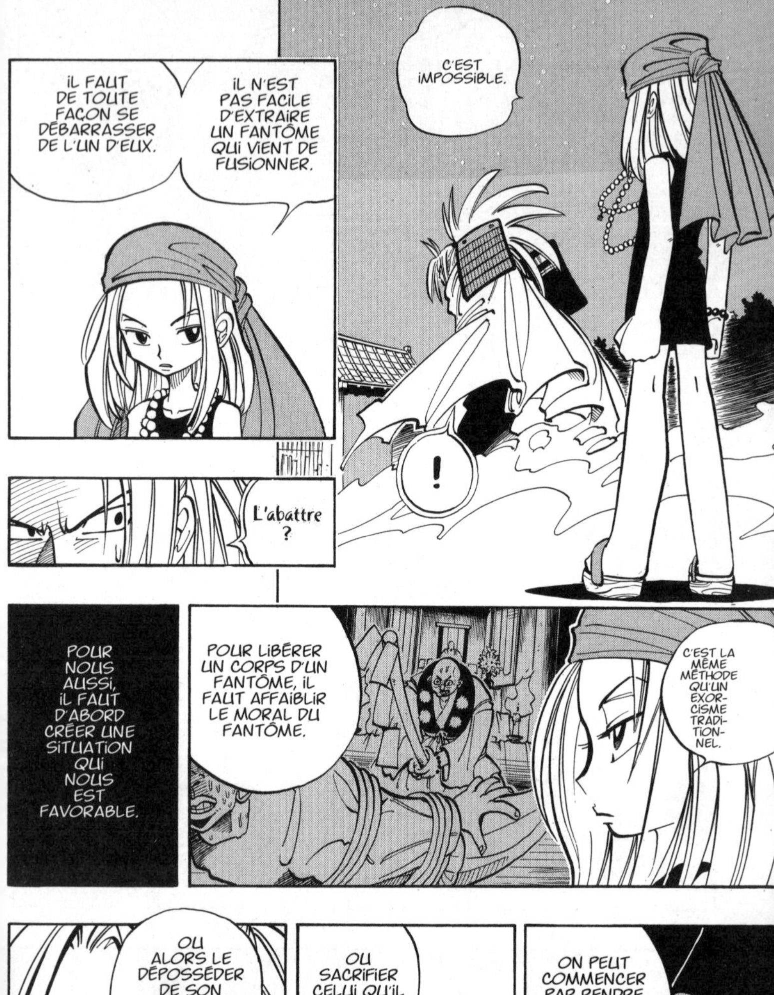
C'EST IMPOSSIBLE.
IL N'EST PAS FACILE D'EXTRAIRE UN FANTÔME QUI VIENT DE FUSIONNER.
IL FAUT DE TOUTE FAÇON SE DÉBARRASSER DE L'UN D'EUX.
!
L'abattre ?
C'EST LA MÊME MÉTHODE QU'UN EXORCISME TRADITIONNEL.
POUR LIBÉRER UN CORPS D'UN FANTÔME, IL FAUT AFFAIBLIR LE MORAL DU FANTÔME.
POUR NOUS AUSSI, IL FAUT D'ABORD CRÉER UNE SITUATION QUI NOUS EST FAVORABLE.

ON PEUT COMMENCER PAR RENDRE INVALIDE LE CORPS QUI HÉBERGE CE FANTÔME.
OU SACRIFIER CELUI QU'IL TIENT EN OTAGE.
QUOI ?
OU ALORS LE DÉPOSSÉDER DE SON ARME, LE "HARUSAME".

IL FAUT FAIRE UN CHOIX.
AMIDAMARU, TU N'AS AUCUN MOYEN DE GAGNER...
HYUUU

EHE EHE
Kerps, elle a raison.
Alors, Amidamaru ? Tu fais quoi ?
...
JE N'AI PAS VRAIMENT LE CHOIX !

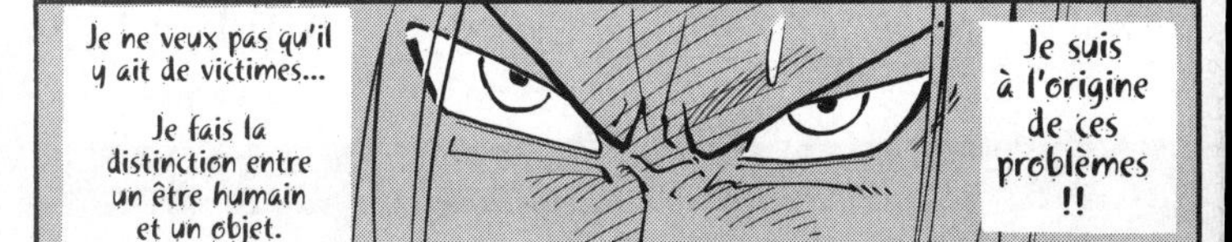
Je suis à l'origine de ces problèmes !!
Je ne veux pas qu'il y ait de victimes...
Je fais la distinction entre un être humain et un objet.

MAIS...
MAIS QUAND MÊME... PAS LE "HARUSAME" ...!!

Il y a 600 ans...
SALE GAMIN, TU NOUS LE PAIERAS !!
HAH
HAH
Hyiii !
BANDE DE BRIGANDS ! QUE ÇA VOUS SERVE DE LEÇON !
LA PROCHAINE FOIS QUE JE VOUS SURPRENDS DANS MES CHAMPS, JE VOUS TUE !!
AMIDAMARU
11 ans

COMMENT ?!
AMIDAMARU ! TU AS ENCORE CASSÉ LE SABRE QUE JE T'AVAIS FABRIQUÉ...
CLAP
MOSUKE
15 ans

J'Y PEUX RIEN, LE SABRE N'ÉTAIT PAS ASSEZ RÉSISTANT.
MOSUKE, ET SI TU ME FABRIQUAIS UN SABRE UN PEU PLUS SÉRIEUX ?
T'AS VRAIMENT RIEN COMPRIS !
POUR FAIRE UN BON SABRE, IL FAUT DU BON ACIER.

MÊME SI JE SUIS UN FILS DE FORGERON, JE NE VOIS PAS COMMENT JE POURRAIS FABRIQUER UN SABRE DE QUALITÉ AVEC AUSSI PEU DE MOYENS ?
PFFH

SI T'AS VRAIMENT BESOIN D'UN SABRE DE QUALITÉ...
... TU POURRAIS EN PIQUER UN SUR UN SAMOURAÏ.
OU BIEN, TU PEUX EN TROUVER FACILEMENT SUR LES CHAMPS DE BATAILLE. C'EST PAS CE QUI MANQUE.

MOSUKE...
NE ME REGARDE PAS COMME ÇA...

D'ACCORD, TU NE TE VOIS PAS FAIRE ÇA.
JE TE COMPRENDS, JE SUIS COMME TOI ET LES AUTRES. MES PARENTS ONT ÉTÉ ASSASSINÉS PAR DES BRIGANDS.
JE SAIS PARFAITEMENT CE QUE TU PEUX RESSENTIR.
GYAA
WAAW

TU NE VEUX PAS AGIR COMME UN BRIGAND.
PARDONNE-MOI... J'AI FAIT RESSORTIR DE VIEUX SOUVENIRS...
C'EST PAS ÇA. ALLEZ, VA TE COUCHER, CRÉTIN.
DEMAIN...
GLOP
... JE TE DONNERAI UN SABRE TRÈS PARTICULIER.
ÇA NE SERT À RIEN DE FABRIQUER DES SABRES MÉDIOCRES ...
TOC
CE COUTEAU EST UN SOUVENIR DE MON PÈRE... JE DOIS LUI FAIRE HONNEUR.
DINGUE !!!
MOSUKE...

VLAF
MÊME APRÈS UN USAGE INTENSIF, PAS UNE RAYURE !
C'EST DONC ÇA, MON NOUVEAU SABRE !!
TU VOIS ! QUAND TU VEUX, TU PEUX !
C'EST ÇA LE FAMEUX ACIER DE QUALITÉ ?
OUAIS.
AVEC ÇA, LES BANDITS N'ONT QU'À BIEN SE TENIR !
AHA HA HA !
MOSUKE ! C'EST CHOUETTE CE QUE TU AS FAIT !
DIS, AMIDA-MARU ?
HEIN ?
T'ES VRAIMENT COSTAUD, À CHAQUE FOIS TU ARRIVES À BATTRE LES BANDITS.
C'EST ÇA QU'ON APPELLE LE TALENT ?
UHMM... LAISSE TOMBER, J'AI ENVIE DE DORMIR.

EN FAIT, J'AIMERAIS BIEN QUE TU DEVIENNES LE MEILLEUR SAMOURAÏ DU JAPON.
LA MEILLEURE TECHNIQUE DE COMBAT GRÂCE AU SABRE QUE J'AI SPÉCIALEMENT FORGÉ POUR TOI, C'EST CHOUETTE.
QU'EST-CE QUE TU AS DEPUIS TOUT À L'HEURE...? OUI, TON SABRE EST EXCELLENT, MAIS...
... AT-TENDS ! T'AS PAS FAIT ÇA ?!
VLOF
LE BON ACIER QUE TU AS UTILISÉ ...?!
...
J'AVAIS PAS LE CHOIX.
DE TOUTE FAÇON, JE N'AVAIS PAS ASSEZ D'ARGENT POUR ACHETER UN ACIER DE QUALITÉ.
MAIS POURQUOI T'AS FAIT UNE CHOSE PAREILLE ...?
CE COUTEAU EST UN SOUVENIR PRÉCIEUX DE TON PÈRE...!

LE COUTEAU DE MON PÈRE S'EST RÉINCARNÉ EN UN BEAU SABRE.
LA SEULE CHOSE QUE JE SOUHAITE, C'EST QUE TU EN PRENNES SOIN.
MOI ET LES AUTRES... ON EST PERSUADÉS QUE TU NOUS PROTÉGERAS.

HE...
MOSUKE, J'AI BIEN COMPRIS... JE VEUX DEVENIR...
PTAP
... LE MEILLEUR SAMOURAÏ DU JAPON !
MERDE, ET EN PLUS IL PLEUT ! CE N'EST POURTANT PAS LA SAISON DES PLUIES...!
ET C'EST AINSI QU'ON A APPELE CE SABRE LE "HARUSAME" (PLUIE DU PRINTEMPS). GRÂCE AU POUVOIR DE YOH, IL A REPRIS VIE 600 ANS PLUS TARD.
C'EST POUR ÇA QUE LE HARUSAME...
JE NE PEUX VRAIMENT PAS...
KWAP
ALORS ?! AMIDA-MARU ?! QU'EST-CE QUE TU FOUS PLANTÉ LÀ ?!
!
Hé hé... On dirait que t'as l'air tourmenté.
Tu n'as qu'à continuer à souffrir.
EHE
Je sais ce que représente le "Harusame" pour toi.

VUOF...

QU'EST-CE QUE TU AS DIT SUR LE HARUSAME ...?
DONG
Eh ?

Quoi ?! Qu'est-ce que t'as ?! Et c'est quoi ce regard plein de défi ?!
Fais le moindre geste !! Je fais sauter la tête de ce gamin !!
!!

Tu peux toujours essayer.
Tu seras décapité avant.

Décapité ?
Qui ça, décapité ?!
Tu veux tuer celui qui m'héberge, c'est ça ?

Tu en es incapable !
Quand on s'est connus, c'était la loi de la survie. Tu étais incapable de voler qui que ce soit.
Je comprends même pas comment j'ai pu perdre contre un mec aussi nul que toi !

Yoh, pardonne-moi.
Je suis la cause de tous ces ennuis...

AMIDA-MARU, TU N'ES PAS RESPONSABLE DE CETTE SITUATION.
TU L'AS TUÉ À L'ÉPOQUE POUR PROTÉGER LES TIENS, PAS VRAI ?

...?

CE CRÉTIN NE CONNAÎT PAS TA VÉRITABLE FORCE.
MÊME APRÈS 600 ANS.
CE MORVEUX SE FOUT DE MOI...!!
GRiii
Me décapiter, moi ! Ce n'est que du bluff !!
Il est bien trop faible pour ça !!
VLAF
MOI, J'AI DÉJÀ PRIS MA DÉCISION.

SHINKÛ
BUTTA
ブッダ

斬!!
ギ
GIRI!!
VLOON
Pas possi-ble !

ガキーン
!!!
ZGLINKS

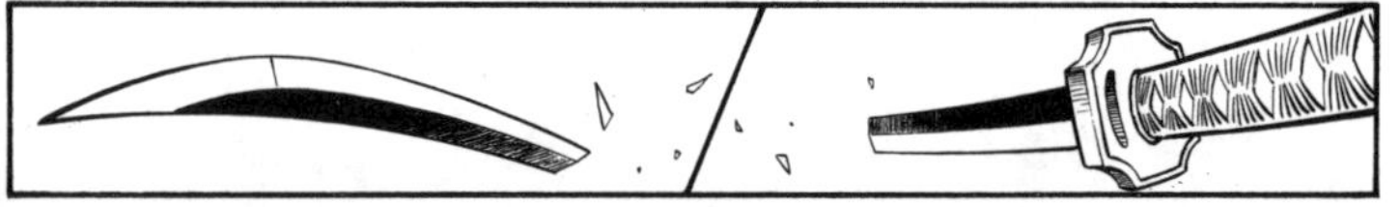

AH...
LE "HARU-SAME" EST...

...

ザワ...
ZAKS...

...

C'est pas possible, il en est incapable...

JE CROYAIS QUE CE SABRE ÉTAIT UN BIEN PRÉCIEUX QUE LUI AVAIT DONNÉ UN AMI ?!

...
Oui, ce sabre compte beaucoup pour moi.
...?
Mais ce n'est pas la chose la plus précieuse que m'ait donnée mosuke.

RIEN N'EST PLUS IMPORTANT QUE DE SAUVER SES AMIS !!
C'EST AUSSI POUR ÇA QU'IL AVAIT SACRIFIÉ LE SOUVENIR DE SON PÈRE !
DONG

SHAMAN KING CHARACTER FILE No.11

ASAKURA YOHMEI
1989

Né le 2 juillet 1919 - 70 ans
Signe astral : Cancer
Groupe sanguin O

Épisode 22 NOTRE RYÛ À NOUS !

COMMENT ?!
VOLER, C'EST FACILE.
PROTÉGER, ÇA DEMANDE PLUS D'EFFORTS.

!

AMIDAMARU A FOURNI BEAUCOUP D'EFFORTS POUR SES AMIS.
C'EST POUR ÇA QU'IL EST DEVENU FORT.

IL A ATTENDU SON AMI PENDANT 600 ANS.
MAIS TOI, ÇA FAIT 600 ANS QUE TU VIS DANS LA RANCUNE.
SOIS RAISONNABLE ET QUITTE CE CORPS.
TU DOIS REGAGNER LES CIEUX.

Épisode 22
NOTRE RYÛ À NOUS !
NOËL
AUBERGE
B·B

WUOOW
Regagner les cieux ...?!
OUi.

EN PLUS, TU AS PERDU TOUS LES MOYENS POUR BATTRE AMiDAMARU.
ÇA VEUT DiRE QUE TON PROJET DE VENGEANCE ViENT D'ÉCHOUER.

Grrrr...

ALLEZ, LAiSSE TOMBER ! ÇA TE FACiLiTERA LA ViE.
Si ÇA FAiT 600 ANS QUE TU REMUES DE MAUVAiS SENTiMENTS, TU DOiS COMMENCER À ÊTRE FATiGUÉ.
BWUOM

Hein ?
La vie facile ...?!

!
YOH A RÉUSSI À BRISER LA FUSION !
J'ESPÈRE QU'IL N'A QUAND MÊME PAS PITIÉ DE LUI ?!

TOUT LE MONDE AIME LE PLAISIR.
EN REGAGNANT LES CIEUX, TU CESSERAS D'ÊTRE TOURMENTÉ.

TU AS FAIT ASSEZ DE PEINE À AMIDAMARU.
FLOP FLOP
VEUX-TU QUE JE PRONONCE LA FORMULE POUR T'ENVOYER AUX CIEUX ?
LA FERRRRME !!!

GRUUU
Trop facile !! Ça fait 600 ans que j'attendais ce moment.
Pas question de quitter la terre comme ça !
Écoute bien ça, gamin...!
TSHH

C'EST AMIDAMARU QUI VA REGAGNER LES CIEUX.
JE VEUX QU'IL SOMBRE DANS LE GRAND DÉSESPOIR.
SHLAK
REGARDE BIEN CE QUI VA SORTIR DE SA TÊTE.
UN JET DE SANG AU TRAVERS DUQUEL JE VAIS VOIR TA TÊTE.
UNE LAME ?!
SAPRISTI ! IL CACHAIT ENCORE DES ARMES !
BWUOF
YOH, VITE ! IL FAUT QU'ON FUSIONNE ...!!
...

TROP TARD !! ICI AUSSI, C'EST LA LOI DE LA SURVIE !
TU ES TROP SENTIMENTAL AVEC TES HISTOIRES D'AMITIÉ !!
GROOOOOW
iRRRP
VEUUUX PAAAAAS!!!

JE T'AI POURTANT MIS EN GARDE...
TU N'AS TOUJOURS PAS COMPRIS POURQUOI TU AS PERDU CONTRE AMIDAMARU...

ET MÊME CONTRE BOKUTOU NO RYÛ.
Eh !

ZBAAAM

Mais,
ils sont...
BWUF

UOPS
AAAH !!!

APACHE (SURNOM) !

BLUE SHADOW (SURNOM) !

SPACE SHOT (SURNOM) !

QU'EST-CE QUI SE PASSE ?! EUX QUI SONT SI DÉVOUÉS À RYÛ...!
iLS ONT DÉSOBÉi À RYÛ !
UOPS
UOPS

ON PEUT PAS LAiSSER FAiRE ÇA.
!!

NOUS QUI CROYIONS TANT EN NOTRE RYÛ...
iL EST DEVENU UNE SiMPLE POURRiTURE.
PFUA
PFHH
PFUA
SWASH

DÉSOLÉ DE VOUS AVOIR CAUSÉ DU SOUCI.
UYOOOW
ドヨヨヨ
MUSCLE PUNCH (SURNOM) !
UYOOOW
ドヨヨヨ
MUSCLE PUNCH !
MUSCLE PUNCH !!

GAMIN, ÇA VA ALLER ?
HEIN ? EUH, OUI...
POM
INCROYABLE ! ÊTRE SECOURU PAR CES MECS ?!
FLAP

JE COMPRENDS PAS TOUT !
NOTRE RYÛ ? DEVENIR UNE POURRITURE ?
EUPS

MAIS RYÛ...
... EST UNE POURRITURE DEPUIS LE DÉBUT, NON ?!

C'EST BIEN POUR ÇA QU'IL A FUSIONNÉ AVEC TOKAGEROH !!
LÂCHEZ-MOI !! BANDE DE...!!
SI VOUS ME DÉSOBÉISSEZ, VOUS ALLEZ LE PAYER CHER !!
RAAAH
JE VOUS TUERAI !

GLAKS
!
RYÛ, ÇA COMMENCE À BIEN FAIRE !! C'EST QUOI CES HISTOIRES ?! TUER... ET POURQUOI ?!!
C'EST VRAI QUE RYÛ EST UN VOYOU ET QU'IL EST DÉTESTÉ...
... MAIS, AU MOINS, IL ÉTAIT SYMPA AVEC NOUS !
AGRIP
!
TU M'AVAIS HÉBERGÉ QUAND J'ÉTAIS DANS LA MERDE. TU NE T'EN SOUVIENS PLUS ?
TU M'AVAIS SORTI D'UN SALE PLAN CONTRE DES YAKUZAS ! T'AS TOUT OUBLIÉ ?!

OUAIS !!!
RYÛ M'AVAIT FILÉ À BOUFFER QUAND J'ÉTAIS À LA RUE APRÈS MA FUGUE !!
!
TU M'AVAIS PAYÉ UNE BRIOCHE CHAUDE PAR UNE NUIT D'HIVER GLACIALE !!
WOOOOW
WOOOOW

JE...!
!!
MOI, JE NE PEUX PAS OUBLIER CETTE PÉRIODE...
À NOUS, QUI N'AVONS PAS DE PLACE DANS LA SOCIÉTÉ...
... RYÛ, TU NOUS AS PROMIS DE TROUVER UN "BEST PLACE"...!
B•B

TU ES ...
... NOTRE AMI !
PÊCHE AU TRÉSOR
Montre Aoki
Temple Fumbari

DES AMIS ?!
MAIS SI RYÛ A RÉUSSI À COMMUNIQUER AVEC UN FANTÔME...?

ÇA VOUDRAIT DIRE QU'AU FOND, C'EST UN BON GARÇON ?!

SWAA
ALORS, TOKAGEROH ?
LAISSE TOMBER ET LIBÈRE CE CORPS.
!

C'EST UNE HISTOIRE QUI NE REGARDE QUE TOI.
RYÛ A DES AMIS AVEC LESQUELS IL A UNE RELATION DE CONFIANCE.
PWOP PWOP

SI TOI AUSSI TU AVAIS DES AMIS COMME LUI...
... TU N'AURAIS PAS PERDU CONTRE AMIDAMARU, PAS VRAI ?

ZRUUK
DES AMIS...
...
...

DES AMIS, DES AMIS, DES AMIS.
Qu'est-ce que vous avez tous avec ça ? Vous me dégoûtez !
Moi, j'y crois pas, aux amis...!!
Ici, c'est la loi de la survie, on ne peut croire qu'en soi-même.
C'est pas bon... On est en train de le pousser à bout.
BWOP BWOP
SI ON N'AGIT PAS RAPIDEMENT, IL RESTERA UN FANTÔME MALÉFIQUE.
ET LE CORPS DE RYÛ RISQUE DE NE PAS RÉSISTER À CETTE FUSION FORCÉE.

IL N'Y A PAS UN MOYEN POUR SORTIR RYÛ DE LÀ ?
WUOOOOW
Kerps kerps...
Je ne suis pas du genre à lâcher l'affaire si facilement...
Il me reste encore un bouclier.

HÉ, AMIDA-MARU !! MONTRE-MOI ENCORE TA FACE !
SINON, IL ME SUIT EN ENFER !
VLAF
RYU ?!
QU'EST-CE QUI LUI PREND ?
Il ne recule devant rien...!
Il utilise ses dernières ressour-ces !!
URPS...!
Tu laisserais un pote se faire trancher la gorge ?
Viens si t'es un homme !
KRI
KRI
KRI

TU ES ÉNERVANT À GROGNER DEPUIS TOUT À L'HEURE !
AGACÉE AGACÉE
SI TU AS UNE CHOSE À FAIRE, ARRÊTE DE PARLER ET AGIS !
ZUM
COM-MENT ?!
GLANG GLANG
GLANG GLANG
ERPS
LAISSER TOMBER BOKUTOU NO RYÛ ?!
ET D'ABORD, J'EN AI ASSEZ DE VOIR TOUT CE CIRQUE CHEZ MOI !
IL EST DÉJÀ PLUS DE 8 HEURES ! ÇA COMMENCE À BIEN FAIRE !
Huit heures ...
Tu te fous de ce qu'il peut devenir ?!
OUI.
EN PLUS, TU N'AS MÊME PAS LE CRAN POUR AGIR !

Quoi ...?!

Si JAMAiS TU TUES LE CORPS QUi T'HÉBERGE, TU SERAS REJETÉ DEHORS.
TU REDEVIENDRAS UN SiMPLE FANTÔME.
DJLAA

À CET iNSTANT PRÉCiS, JE ME CHARGERAi DE T'ENVOYER EN ENFER.
ALORS, Si TU ES PRÊT, ESSAiE !

JE NE SUiS PAS AUSSi GENTiLLE QUE YOH.

SUEUR
Euh...
L'en-fer...

Kerps... L'enfer ? Ça me va...
HYOO...
!
Shaman ? Tu me fais marrer avec tes histoires.
L'enfer, c'est là où je vivais, il y a 600 ans.
Après ces longues guerres, le pays était dans un triste état. Il fallait survivre.
Une époque où on était obligé de voler et tuer pour survivre à son voisin. C'était la loi du plus fort...
J'ai dû survivre aux brimades de mes parents et les bouffer pour me forger le caractère...

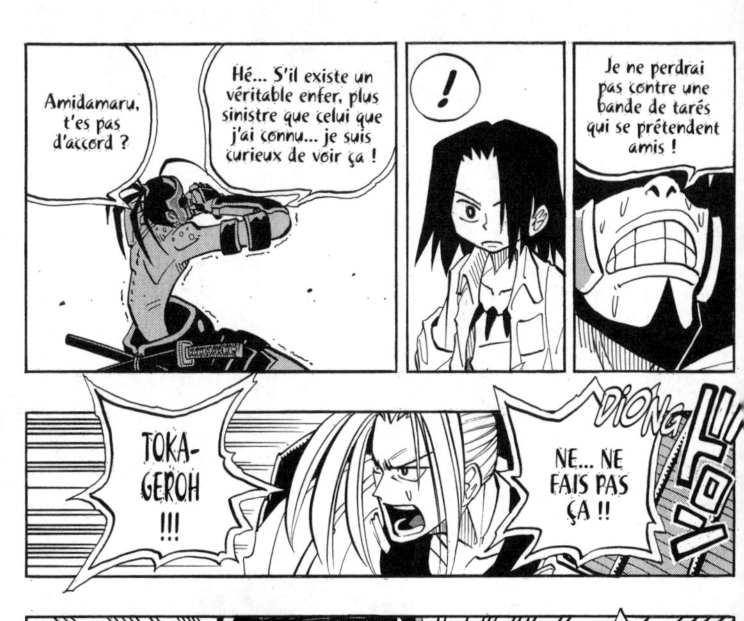
Je ne perdrai pas contre une bande de tarés qui se prétendent amis !
!
Hé... S'il existe un véritable enfer, plus sinistre que celui que j'ai connu... je suis curieux de voir ça !
Amidamaru, t'es pas d'accord ?
DIONG
NE... NE FAIS PAS ÇA !!
TOKA-GEROH !!!

KERP'S KERP'S
MOI, L'ENFER, ÇA NE ME FAIT PAS PEUR !!

SHAMAN
KING
3

TAMEGORÔ
CELUI DES TOILETTES

Épisode 23 LE BLUES DE TOKAGEROH

KLAANK
カラァアー
?!
?
?
Hein ...?
Quoi ?!!
Mon corps... Il ne veut plus bouger...

Épisode 23
LE BLUES DE TOKAGEROH

ZBAAM
!!

Moi qui suis si proche du but... Je ne sens plus mon corps...!
Qu'est-ce qui se passe ?
Je suis en train de perdre mes forces...?!
Merde.
GRAP

?
QU'EST-CE QU'IL LUI ARRIVE ?!
IL S'EST ÉCROULÉ D'UN SEUL COUP...
UWAW
...!
J'ai déjà ressenti cette sensation dans le passé...
J'espère que ce n'est pas encore...
Hah...
Hah

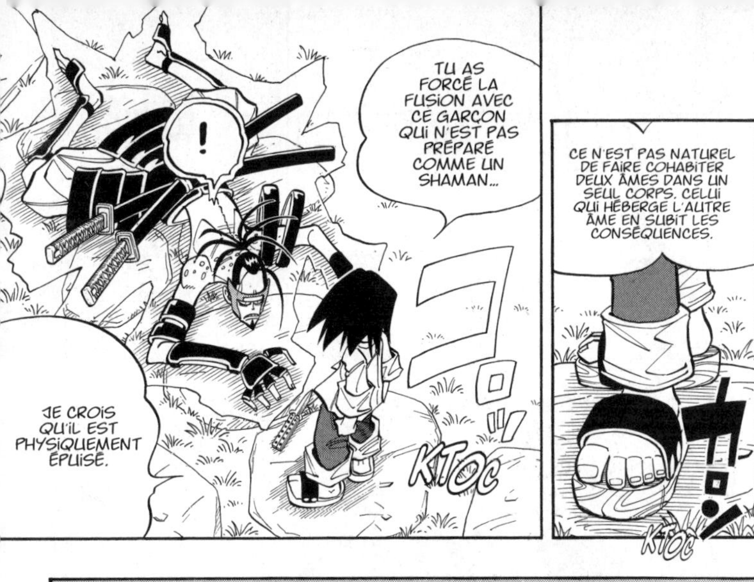
CE N'EST PAS NATUREL DE FAIRE COHABITER DEUX ÂMES DANS UN SEUL CORPS. CELUI QUI HÉBERGE L'AUTRE ÂME EN SUBIT LES CONSÉQUENCES.
KTOC
TU AS FORCÉ LA FUSION AVEC CE GARÇON QUI N'EST PAS PRÉPARÉ COMME UN SHAMAN...
!
KTOC
JE CROIS QU'IL EST PHYSIQUEMENT ÉPUISÉ.

EN CLAIR, IL NE TE RESTE PLUS BEAUCOUP DE POSSIBILITÉS.
TU VAS FINIR PAR LUI ENLEVER SA VIE.

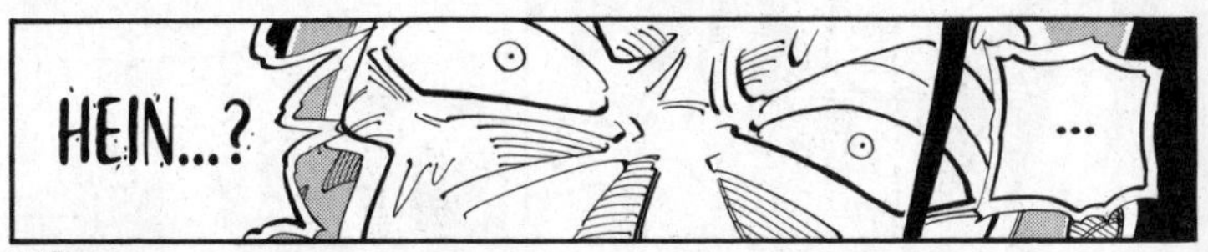
...
HEIN...?

COMMENT ?!!

No ryû...

LUI ENLEVER SA VIE...?!

COMMENT ÇA, ENLEVER SA VIE ?!!
MAIS... JE...!!
HE, GAMIN !!!
ÇA VEUT DIRE QUOI ?!!

EUH...
ÇA VEUT DIRE QU'IL VA MOURIR...!

TOKAGEROH...
ZWAP

AVANT QU'IL NE SOIT TROP TARD... TU VEUX BIEN LIBÉRER CE CORPS ?

Kerps
C'est pas une mauvaise idée.
Il va disparaître calmement avec moi.
Hah
Hah
Hah
Et tout ça à cause d'Amida-maru !
...

Je... je ne lui pardonnerai jamais de m'avoir tué...!!
HAH HAH
Je veux voir la souffrance sur ta face avant de regagner les cieux !

Nurrks
TRÈS MALHEU-REUX !
SNIFF
ESPÈCE D'ABRUTI !!
C'EST PAS LA PEINE DE FAIRE SEMBLANT !!!

Et pourquoi...
Oui, pourquoi autant de rancune contre moi...?
À l'époque, toi aussi, tu as tué beaucoup de gens.
HYUUUU
Et toi, tu ne veux pas admettre ta mort ?
La ferme !
Je dois à tout prix survivre.
Vivre ?
Oui...!!
Le lézard... est un reptile capable de se couper la queue pour survivre.
(TOKAGE EN JAPONAIS, C'EST LE LÉZARD)

MOAAAA !
J'AI DÛ BOUFFER LA VIANDE DE MA MÈRE POUR SURVIVRE !!!

!
Je te l'ai déjà dit tout à l'heure ! Tu croyais que je plaisantais ?
Eh bien, non !
Elle m'a donné sa chair pour survivre à la famine.
Hah
Hah
Hah
VIANDE ?

Elle m'a donné ce nom pour que je puisse survivre à tout prix.
C'est pour ça que je dois survivre !
GLIP
GLIP
Je n'ai jamais supporté qu'un gamin comme toi m'arrache la vie.
Tokageroh...
Moi...
... je dois...
... PENSER À MA MÈRE !
JE DEVAIS SURVIVRE POUR SA MÉMOIRE !
BANG

IL S'EST RELEVÉ !
LE CORPS DE RYÛ EST POURTANT MOURANT...!

!

YOH, ATTENTION !!!

ZBAM
KERPS KERPS KERPS KERPS !!!
CE CRÉTIN NE S'EST PAS MÉFIÉ, IL EST MON NOUVEL OTAGE !!

SI JE LE TUE, JE TE VERRAI ENFIN SOUFFRIR !!!
AMIDAMARU, C'EST LA FIN DE MA VENGEANCE !!!

NE PRENDS PAS TES DÉSIRS POUR DES RÉALITÉS.

RIEN N'EXCUSE LE VOL !
IL FAUT PAS EXAGÉRER !
ZBAAM
Gwaps ?!
ANNA !!

YOH ! NE RESTE PAS PLANTÉ LÀ !
ON NE SE MÉFIE JAMAIS ASSEZ DE LUI !
GYUPS
URGL !
PFFH...
IL S'EST PEUT-ÊTRE RELEVÉ, MAIS IL RESTE FAIBLE.
SUFFISAMMENT POUR FAIRE LE JOREÏ.
GRUUPS
JOREÏ ?!
JE L'AI DÉJÀ EXPLIQUÉ !
POUR DÉGAGER UN FANTÔME QUI A FUSIONNÉ, IL FAUT LE POUSSER À BOUT.

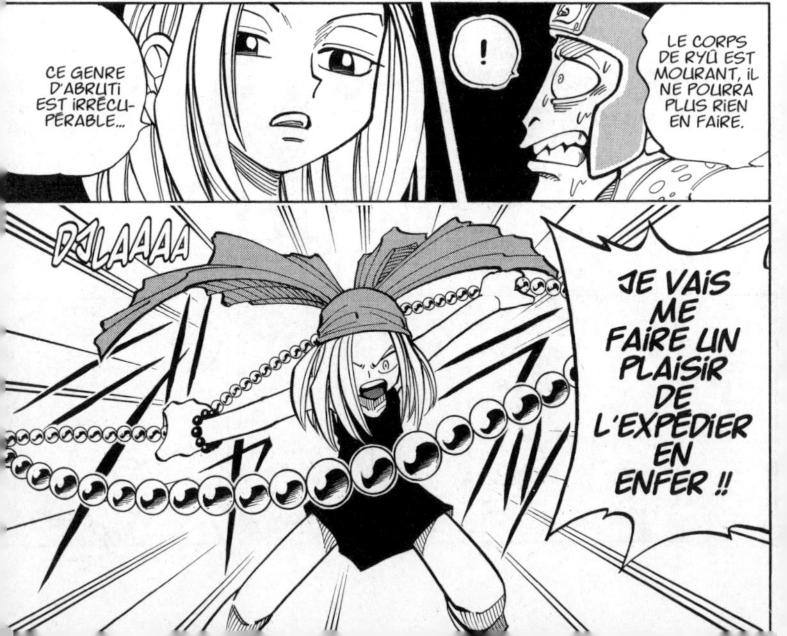
LE CORPS DE RYÛ EST MOURANT, IL NE POURRA PLUS RIEN EN FAIRE.
!
CE GENRE D'ABRUTI EST IRRÉCUPÉRABLE...
JE VAIS ME FAIRE UN PLAISIR DE L'EXPÉDIER EN ENFER !!
DJLAAAA

AGRIP
ANNA, IL NE FAUT PAS.
SI TU LE RENVOIES COMME ÇA...
... QUI VA SE CHARGER DE LE SAUVER ?
SAUVER TOKAGEROH ...!!
MAIS POURQUOI LE SAUVER ?!
HEIN ?

QU'EST-CE QUE TU RACONTES ?! T'EN AS PAS EU ASSEZ ?!
C'EST AUSSI LE BOULOT DU SHAMAN DE SAUVER LES ÂMES EN PERDITION.
SPAA

...
MAIS...!

PERSONNE N'EST IRRÉCUPÉRABLE EN CE MONDE.
CE TYPE N'A SONGÉ QU'À SA SURVIE, IL N'A JAMAIS EU QUELQU'UN EN QUI AVOIR CONFIANCE.

C'EST AUSSI POUR ÇA QU'IL ÉTAIT JALOUX DE VOIR AMIDAMARU DEVENIR PUISSANT GRÂCE AUX SIENS.
SI ÇA SE TROUVE...

... IL ÉTAIT TRÈS FRUSTRÉ DE N'AVOIR AUCUN AMI.

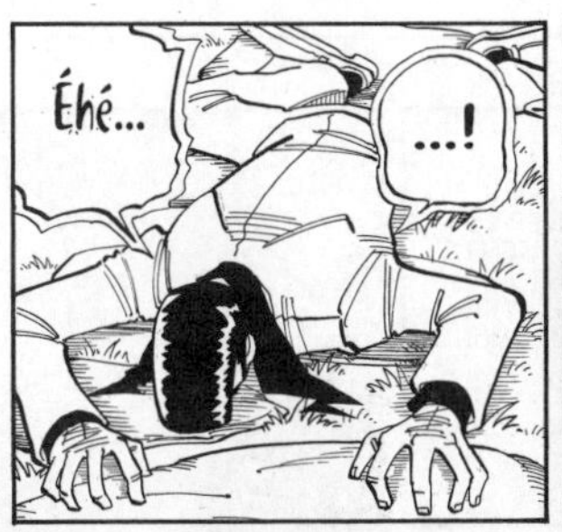
...!
Éhé...

Tu me fais marrer !
Je n'ai que de la haine pour Amidamaru !!
KERPS
Des amis ?! La confiance ?! Rien à foutre !!
KERPS
...
PFFH

CE FANTÔME EST VRAIMENT TORDU, TU COMPTES FAIRE COMMENT ?
DJLAA
SI TU LAISSES FAIRE, CELUI AVEC LA "DRÔLE DE TÊTE" VA MOURIR AUSSI.
JE NE VOIS PAS COMMENT SAUVER LES DEUX.

IL Y A UN MOYEN.
IL FAUT SATISFAIRE SON ENVIE.
SON ENVIE ?

OUI.

LUI DONNER LES SENTIMENTS DONT IL A TOUJOURS MANQUÉ.
HE

TOKA-GEROH, TU PEUX ENCORE PARLER ?
ON DIRAIT QUE TU ES À BOUT.
Ferme-la...!
SWAP

Je ne veux pas de ta pitié. Je ne veux croire en personne. J'irai en enfer !
HAAH HAAH

ARRÊTE.
L'ENFER N'EST PAS SI DRÔLE QUE TU AS L'AIR DE LE CROIRE.

SI TU VEUX VRAIMENT TE VENGER, TU N'AS QU'À FUSIONNER AVEC MOI.
TU POURRAS ALORS FAIRE CE QUE TU VEUX SUR MOI. JUSQU'À CE QUE TU SOIS SATISFAIT.

SHAMAN KING CHARACTER FILE No.12

MOSUKE
1999

Né le 13 août 1383 - mort à 28 ans
Signe astral : Lion
Groupe sanguin B

Épisode 24 TOKAGEROH FUSIONNE !

YOH, T'AS PERDU LA TÊTE OU QUOI ? SI TU FAIS ÇA...
UN FANTÔME NE PEUT REJOINDRE LES CIEUX QUE S'IL NE LAISSE AUCUN REMORDS EN CE MONDE.
MAIS ...!!
SON REMORDS, C'EST DE SE VENGER D'AMIDA-MARU !
SRAP
ALORS QU'EST-CE QUE TU ATTENDS ?
!
AVEC CE CORPS ÉPUISÉ, TU NE PEUX PLUS RIEN FAIRE, PAS VRAI ?
...!!

ALLEZ !
VIENS FUSIONNER !

SHAMAN KING
Épisode 24
TOKAGEROH FUSIONNE !!

VLAF !!
!

HEIN ...?
AMIDA-MARU, QUE FAIS-TU ?
JE... JE NE SUIS PAS D'ACCORD !!!

JE NE VOIS PAS POURQUOI MON MAÎTRE DEVRAIT SE SACRIFIER POUR CE TYPE !
CE TYPE VA SANS AUCUN DOUTE TE TUER !!
ALORS POURQUOI ?!
TOUT ÇA POUR UN MINABLE BANDIT !
S'IL N'ÉTAIT PAS UN FANTÔME, ÇA FERAIT LONGTEMPS QUE JE L'AURAIS DÉCAPITÉ !
GROOGROOW
Hyiii
IPS
DESOLE, AMIDAMARU.
TU DOIS ME LAISSER FAIRE.
SHUUN
!!!

QUOI ?!
WOUAW
IL A ENFERME AMIDAMARU DANS LA TABLETTE !
ZWAP
POURQUOI ÇA ? AMIDAMARU EST LÀ POUR PROTÉGER YOH...!!
ALLEZ, TOKAGEROH, VIENS !
JE VAIS TE SAUVER.
Kerps...
Je ne me laisserai pas piéger...
Hah
Hah
Hah
Je vois déjà le plan ! Une fois que j'aurai libéré ce corps...
... la gamine s'emparera de mon âme ! Trop simple !
haah
haah
KERPS

TU ES DÉJÀ AFFAIBLI, SI JE LE VOULAIS, JE POURRAIS TE TUER.
ZUM

ET YOH T'EXPLIQUE QUE CE N'EST PAS ÇA QU'IL VEUT, ESPÈCE D'ABRUTI.
Gurps...
...

MAIS DIS-MOI, TU ES SÉRIEUX ?
SI JAMAIS TU MEURS, C'EST AMIDAMARU QU'ON NE POURRA PLUS SAUVER.
JE SAIS.

MAIS NE T'INQUIÈTE PAS, PERSONNE NE SERA BLESSÉ.
PER-SON-NE ?
ANNA, NE T'INQUIÈTE PAS.
Kerps...

Personne ne sera blessé...?
Et tu crois que je vais avaler ça ?!
Hah
Haah
En ce monde, si on ne bouffe pas le premier, on se fait bouffer.
Si tu bouffes maintenant, c'est un autre qui en sera privé...
Haah
Haah
Haah

...
C'est pour ça que j'avais décidé de me servir le premier...
C'est ça, la loi de la nature !!
Haah
Haah

ZRAA ZRAA
Personne ne sera blessé...
Tu y crois vraiment ...?

Pfffh... Ne me fais pas rire...
GLIP
Je ne demande qu'à voir...
TREMBLE
TREMBLE
TREMBLE

BIONG
OUI, JE VEUX VOIR CE QUE TU VAS FAIRE POUR ME "SAUVER" !
JE VAIS ME FAIRE UN PLAISIR DE RUINER TON CORPS !!

AAAAH !!
IL S'ÉCHAPPE DU CORPS DE RYÛ !
KERPS
L'ÂME DE TOKA-GEROH !
KERPS
TOKA-GEROH
EN MODE BOULE HUMAINE !
BWUOM
C'EST ÇA...
KERPS KERPS
KWUAP
GROOOOW
MAINTENANT, JE FUSIONNE AVEC LUI !!
Yoh...
WUOOON

MAÎTRE YOH !!
DONG
SHUUU
Kerps...
PiKs

Kerps kerps...
Tu es un vrai naze... Me confier ton corps pour que je puisse te tuer...
J'EN REVIENS PAS...!!
GYLULUM
TOKA-GEROH !!!
ERPS !
...
MAIS C'EST PAS VRAI...
CE NUL LUI A VRAIMENT PRÊTÉ SON CORPS...
JE CROYAIS QU'IL PENSAIT LE DOMINER EN L'HÉBERGEANT...
PTAP
HEIN ?
GYUP !!
ANNA QUI D'HABITUDE EST SI FROIDE ...

ET... ÇA VEUT DIRE QUOI...?
AVEC SA PUISSANCE, YOH NE DEVRAIT PAS SE FAIRE CONTRÔLER PAR UN FANTÔME AUSSI MINABLE.

TU VEUX DIRE QUE YOH EST SOUS SON EMPRISE ?!
POURQUOI ?

J'EN SAIS RIEN, CRÉTIN !
PTOP
SNIFF
SI YOH MEURT, ÇA SERA DE TA FAUTE !!

MA FAUTE ?! MOI ?
ELLE PLEURE ?!
QU'EST-CE QUE JE DOIS FAIRE ?!
SNIFF SNIFF
Kerps kerps...
UOPS
UOPS

Vraiment...
... incroyable...
TREMBLE
PTOP
TREMBLE

!

Comment il se débrouille...
... POUR FAIRE DES CHOSES COMME ÇA ?!
OUIIN
OUIIN OUIIN

CETTE FOIS, C'EST LUI QUI PLEURE ?!

Merde...!
Je comprends pas, je n'arrive pas à le tuer...!
Je craque...
TREMBLE
TREMBLE
D'où me vient ce sentiment ...?!

Des regrets...

REGRET ?!

Le véritable regret dont parlait Yoh...
n'était pas qu'une simple vengeance à mon encontre...
BIONG
Ça doit être...
... la volonté de trouver un lieu où son âme puisse se reposer...

Un sentiment identique à celui qu'il a pu ressentir auprès de sa mère...

VLAF
Tu as raison.
Tokageroh, tu es un homme fort.
Qu'est-ce que toi, tu peux y comprendre ?! j'suis pas un faible !!
Comment... Amidamaru !!!
GLIP

Pour assumer la volonté de ta mère, tu as tout fait pour survivre.
En ne comptant que sur toi-même.
Comment ?!
Je serais vraisem-blablement devenu comme toi.
Moi aussi, sans mon ami Mosuke, je ne sais pas ce que je serais devenu dans une société aussi chaotique.
Amidamaru...
...

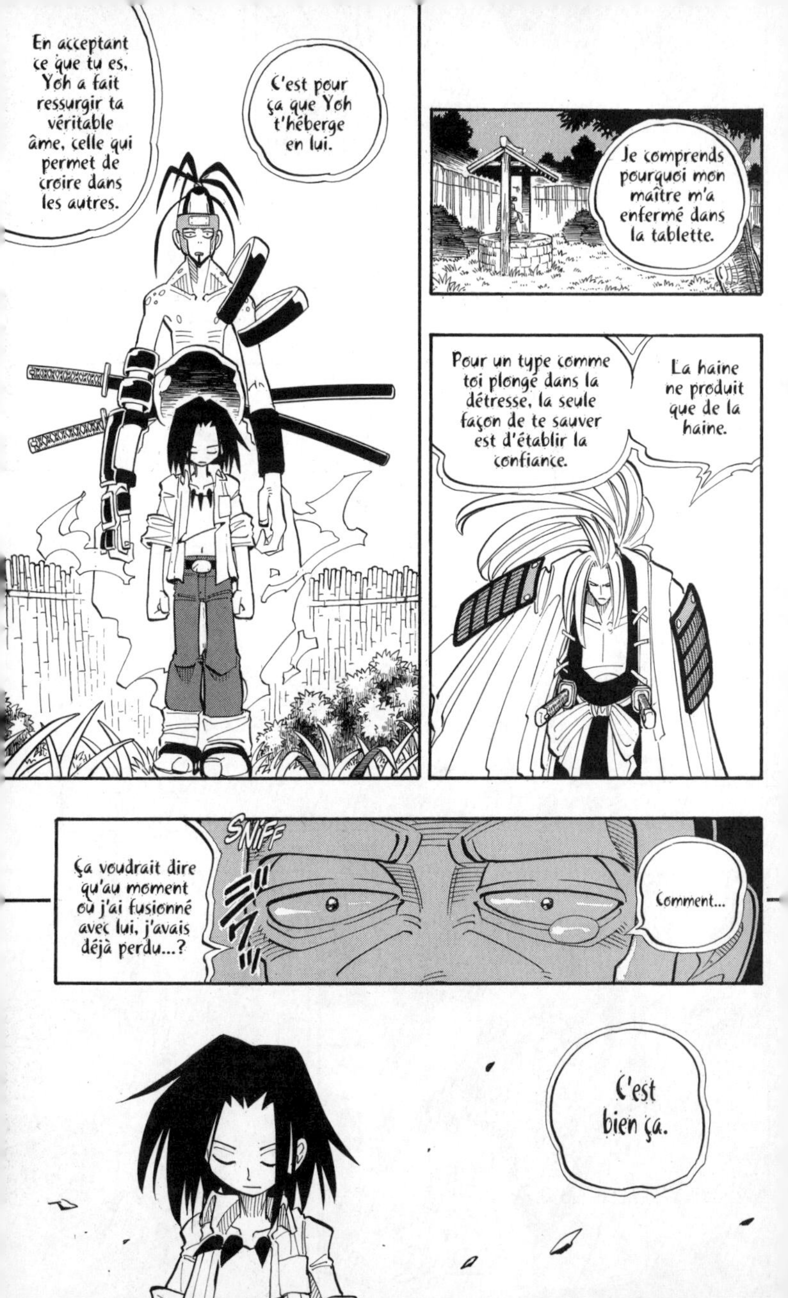
En acceptant ce que tu es, Yoh a fait ressurgir ta véritable âme, celle qui permet de croire dans les autres.
C'est pour ça que Yoh t'héberge en lui.
Je comprends pourquoi mon maître m'a enfermé dans la tablette.
La haine ne produit que de la haine.
Pour un type comme toi plongé dans la détresse, la seule façon de te sauver est d'établir la confiance.
SNIFF
Comment...
Ça voudrait dire qu'au moment où j'ai fusionné avec lui, j'avais déjà perdu...?
C'est bien ça.

TERRIBLE ...!!
YOH AVAIT ANTI-CIPÉ TOUT ÇA...!!
ÇA PARAÎT ÉNORME !!
OUPS
CET IDIOT EN ÉTAIT SEULEMENT PERSUADÉ.
IL N'AVAIT MÊME PAS CONSCIENCE QU'IL POUVAIT MOURIR... IL EST TROP NAÏF...!!
GROOW

BRÛLE BRÛLE BRÛLE

JE ME SUIS COUVERTE DE RIDICULE POUR LUI...
DÈS CE SOIR, JE VAIS LUI FAIRE SUBIR UN ENTRAÎNEMENT SPÉCIALEMENT CORSÉ...
J'AI PEUR...
ELLE EST REDEVENUE NORMALE !!

RYU ! CHEF ! ÇA VA ?!
RYU !!
TU... TU ME RECONNAIS ?! C'EST MOI, BLUE SHADOW !!
RYU !!
WUAWW

RYU !! RYU !
RYU !!!
WUAWW
...

Les amis...
Ça a l'air bien...

OUAiS

LA BOUFFE EST BONNE...
... Si TOUT LE MONDE EN PROFiTE.

HARUSAME

SHAMAN KING

3

l'œuvre de MOSUKE,
"LE HARUSAME"

HARUSAME

ÉPISODE 25 LA GRATITUDE DE RYÛ

YOH, TU SAIS, IL EST DÉJÀ TARD.
ÇA FAIT LONGTEMPS QUE LE DÉJEUNER EST PRÊT.
BLOP BLOP
GERPS ! C'EST ANNA QUI S'OCCUPE DE LA CUISINE ?!
iPS
COMMENT ÇA "GERPS" ?!
GRAT
J'ÉTAIS JUSTE FATIGUÉ.
HIER, J'AI ACCUMULÉ LES FUSIONS.
MAIS TOI ? QU'EST-CE QUE TU FAIS DANS CETTE TENUE ?
TU T'IMAGINES QUE C'EST MOI QUI FAIS LA BOUFFE ?!
C'EST LUI QUI A TOUT PRÉPARÉ.
HEY ! UN GRAND BONJOUR À VOUS, MAÎTRE YOH !!
BLAM

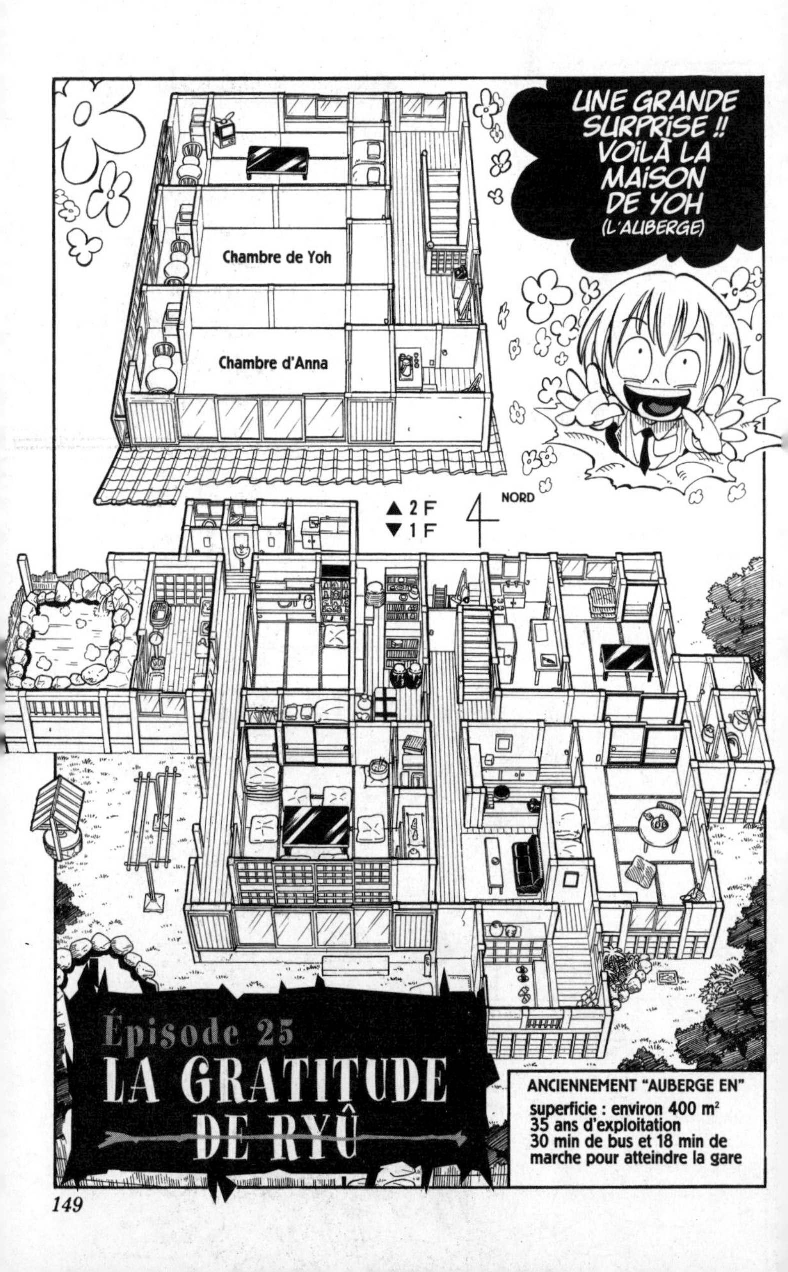
UNE GRANDE SURPRISE !! VOILÀ LA MAISON DE YOH
(L'AUBERGE)
Chambre de Yoh
Chambre d'Anna
▲2 F
▼1 F
NORD
Épisode 25
LA GRATITUDE DE RYÛ
ANCIENNEMENT "AUBERGE EN"
superficie : environ 400 m²
35 ans d'exploitation
30 min de bus et 18 min de marche pour atteindre la gare

BIONG
Bo...
... no ryû !!
AUBERGE
EN
MAIS POURQUOI... LUI...?
EH...
LA MAITRESSE DE MAISON M'A TOUT EXPLIQUÉ.
ELLE M'A RACONTÉ COMMENT VOUS M'AVEZ DÉLIVRÉ D'UN FANTÔME ET D'AUTRES CHOSES.
JE NE POUVAIS PAS RESTER COMME ÇA.
BEAU

NON...!! ENFIN, JE VEUX DIRE...
COMMENT FAIS-TU POUR ÊTRE AUSSI EN FORME CE MATIN ?
UN HUMAIN NORMAL METTRAIT UNE SEMAINE À SE REMETTRE D'UNE FUSION...

J'ÉTAIS LA PREMIÈRE ÉTONNÉE !
ÇA VEUT DIRE QU'IL A DES POUVOIRS.
DES POUVOIRS ?

LUI...
L'HISTOIRE AVEC TOKAGEROH LUI A RÉVÉLÉ SES POUVOIRS.

MAIS...
SES POUVOIRS, C'EST QUAND MÊME PAS...?

ROUGE
C'EST UN SHAMAN.
AUBERGE
EN
EN PLUS, IL EST PLUS CORIACE QUE TOI.

...!!
FLIOW
NO RYÛ ...!!
LE POUVOIR DU SHAMAN ?!
KAAAH

Ça veut dire que tu me vois...?
iRPS
BiEN SûR !

VOUS M'AVEZ SAUVÉ LA VIE.
J'SUIS GRAVE SÉRIEUX. GRAND MAÎTRE AMIDAMARU, JE VOUS SUIS TRÈS RECONNAIS-SANT !
ZUM

Grand maître ?!
Erps
BOKUTOU NO RYU EST DEVENU DiNGUE ?
WUAAAAW
OÙ VEUX-TU EN VENIR AVEC TOUS CES HOMMAGES ?!
MOi...
... J'Ai ÉTÉ ABANDONNÉ DE TOUS, JE SUiS EN QUÊTE D'UN LiEU D'ACCUEiL.
AUBERGE
EN
SLiP

MIS À PART MES AMIS, ON EST REJETÉS PAR TOUS.
C'EST PEUT-ÊTRE LE POINT QUE J'AVAIS EN COMMUN AVEC TOKAGEROH.
!
MAIS LE GRAND MAÎTRE EST VENU À MON SECOURS.
MOI QUI AI DÉTRUIT SA SÉPULTURE... IL A MÊME SACRIFIÉ SON SABRE POUR MOI.
...
HA-RU-SA-ME
UNE VÉRITABLE NOBLESSE D'ESPRIT, UN MAÎTRE DU SABRE... UN VÉRITABLE SAMOURAÏ QUI VIVAIT IL Y A 600 ANS.
C'EST UNE CHOSE TRÈS ÉMOUVANTE.
UN GRAND RESPECT POUR LES VALEUREUX ANNA ET YOH QUI PERMETTENT AU MAÎTRE DE S'EXPRIMER SUR TERRE.
SHA-MAN...
AU DÉBUT, J'EN EU LE VERTIGE...
... DE SAVOIR QUE DES GENS AUSSI BIEN PUISSENT EXISTER...!!
J'AI EU MON PREMIER CONTACT AVEC LA GENTILLESSE EN VENANT ICI. ET EN PLUS, ON ME RÉVÈLE MON POUVOIR...
POUR LA PREMIÈRE FOIS, J'AI L'IMPRESSION D'AVOIR TROUVÉ UN LIEU POUR MOI...

MAIS...
NE ME DIS PAS QUE CE LIEU, C'EST...?
HEY !
J'AI PAS L'AIR, MAIS EN CUISINE, J'SUIS BALAISE.
GRUUU
GLAP
JE VEUX MÊME PAS ÊTRE RÉMUNÉRÉ !! JE VEUX PAYER POUR LE HARUSAME !!
MAÎTRE ! MAÎTRESSE !! DONNEZ-MOI LA CHANCE DE VOUS SERVIR ICI !!
POM

ERRRPS !
L'HE-BER-GER...
L'HE-BER-GER ?!

HÉ, LES GARS !!!
IL FAUT FAIRE LE MÉNAGE ICI ! ENSUITE, ON NETTOIE LE JARDIN !!
VLAF

SRAP
VRAF
OUAIS !!
LA BANDE DE BOKU-TOU NO RYÛ !!
VRAF
SRAP
VRAF
HE HE HÉ !!
LE BOSS EST UN HOMME, UN "VRAI" !!
OUAIS, IL A DE LA CLASSE !!!
EN PLUS, IL PEUT VOIR LES ESPRITS ! C'EST PAS N'IMPORTE QUI !
OUAIS, IL EST EXCEPTIONNEL !!!

C'EST ICI, NOTRE ...!!
OUI, NOTRE ...
NOTRE ...!!!

LE ONSEN EST UN BAIN PUBLIC OÙ LES JAPONAIS VONT POUR SE DÉTENDRE ET SE REPOSER. L'EAU Y EST D'ORIGINE THERMALE AVEC DES VERTUS QUI DIFFÈRENT D'UNE RÉGION À L'AUTRE. ALLER DANS UN ONSEN PEUT ÊTRE UNE DESTINATION DE VACANCES OU DE WEEK-END.

RIEN DE TEL QU'UN BON BAIN APRÈS LE TRAVAIL !!
C'EST VRAI !
PLOUF
WAHHAHA

C'EST LE PARADIS. POUVOIR PROFITER D'UN ONSEN DANS UN ENDROIT AUSSI PAUMÉ, C'EST TROP FORT !
ON EST CONTENTS POUR RYÛ, IL A RÉUSSI À TROUVER LE "BEST PLACE".

BANDE DE NAZES...
MOUSSE MOUSSE
MÊME SI L'ENDROIT EST SYMPA... ÇA RESTE LA MAISON DE LA MAÎTRESSE ET DU MAÎTRE. ON NE PEUT PAS RESTER ICI INDÉFINIMENT.
AH BON...?
JE FAIS TOUT ÇA EN DÉDOMMAGEMENT DU HARUSAME QUI A ÉTÉ BRISÉ.
J'AI VRAIMENT FAIT UNE IDIOTIE.
SPLAAASH

JE ME DISAIS QU'IL FALLAIT QUE JE FASSE QUELQUE CHOSE POUR LE MAÎTRE...
HEUPS ! C'EST QUI, LUI ?!!
SLUP
EUH...
RYÛ...

J'AI DU MAL À Y CROIRE.

UN TEL CHANGEMENT CHEZ NO RYÛ.
C'EST BIEN, NON ? LA MAISON EST TOUTE PROPRE.
UHMM...

?
YOH ? À QUOI PENSES-TU ?

UHMM...
L'HISTOIRE DU HARUSAME A L'AIR DE BEAUCOUP PRÉOCCUPER RYÛ...

Ce qui est fait, est fait... Il ne faut plus y songer...
AMIDAMARU, NE FAIS PAS SEMBLANT DE NE PAS Y PENSER !
DIONG

IL N'Y A QU'À FORGER UN AUTRE HARUSAME, C'EST RIEN.
ON N'A QU'À RAPPELER MOSUKE.

Uhmm...
Mosuke...
Hein...

RAPPELER MOSUKE ?!
ANNA, QU'EST-CE QUE TU RACONTES ?! ÇA FAIT LONGTEMPS QUE MOSUKE EST PARTI AUX CIEUX !

AH, MAIS OUI !
SPAF
J'AI L'IMPRESSION QUE VOUS M'AVEZ OUBLIÉE...
GUIDE ONSEN
10000 ONSENS !

JE SUIS UNE SUPERSHAMAN, UNE ITAKO.
MÊME SI LE FANTÔME EST AU CIEL, JE PEUX CONVERSER AVEC LUI ET LE RAPPELER SUR TERRE.
VOILÀ CE QUE RYÛ PEUT FAIRE DE MIEUX POUR REMERCIER AMIDAMARU...

DJAAAAANGS
UNE PRIÈRE POUR LE PÈRE.
UNE DEUXIÈME POUR LA MÈRE.
UNE TROISIÈME POUR LE FRÈRE DE PROVINCE, CES PRIÈRES SONT POUR VOUS.

ENFIN, GRÂCE À ÇA, JE SUIS TIRÉ D'AFFAIRE !
URH URH
J'SAVAIS PAS QUE C'ÉTAIT AUSSI INCROYABLE D'ÊTRE SHAMAN.

URRH...!
PLUP
IL PARAÎT QUE LA FILLE VA APPELER UN FORGERON !
WAAW
WAAW
CE N'EST PAS LA MAÎTRESSE POUR RIEN ! ELLE EST DÉMENTE !

MAIS YOH ? TU VAS POUVOIR PHYSIQUEMENT SURMONTER L'ÉPREUVE ?
ÇA VA ÊTRE COMME AVEC LE SHAMON, IL VA FALLOIR QUE TU FUSIONNES AVEC LUI ?

CE QUI EST TERRIBLE, C'EST QU'ELLE A ATTENDU QUE LE MÉNAGE SOIT FAIT DANS LA MAISON POUR PROPOSER CETTE SOLUTION.
SUBITEMENT, TOUT SE COMPLIQUE... C'EST TERRIBLE !
...

IL EST PLUS LÀ.
MAIS ?

APRÈS ÇA LE HARUSAME SERA RÉPARÉ, C'EST UNE BONNE OPÉRATION.
PAS DE PROBLÈME, TRANQUILLE !
PAS VRAI, AMIDA-MARU ?

Je suis ici.
!
DANS LA TABLETTE ?
AMIDAMARU, QU'EST-CE QUE TU FOUS ?
MOSUKE VIENT EXPRÈS, TU VEUX PAS LE VOIR ?
Uhm... Je n'ai rien de particulier à lui dire...
?
COMMENT ?
!
HE ! AMIDAMARU, NE ME DIS PAS QUE...
AHA
... TU ES INTIMIDE DE LE REVOIR ?!

QUOI ?!
C'EST PAS ÇA DU TOUT !

Enfin...

Ça fait 600 ans qu'on s'est pas vus... J'sais pas quoi lui raconter...

...
EHE

TU N'AURAS PAS À LUI PARLER.

!

PAS VRAI, ANNA ?
EN FAIT... C'EST BIEN CE QUE JE PENSE ?
GAGNÉ.
HEIN ?
ALLEZ, "DRÔLE DE TÊTE", RÉVEILLE-TOI !
TU VAS POUVOIR PROUVER TA GRATITUDE.
COMMENT ?!
ON Y VA !
RITEKURIA !! À MOI, L'ESPRIT DE MOSUKE !
AMIDAMARU, ON Y VA.
DLAAANGS

FUSION
VLASH
MO-SU-KE !!
AMI-DA-MA-RU !!!
VLASH

COM-MEEENT ?!
ELLE A FAIT FUSIONNER MOSUKE SUR RYÛ ?!
Uhm...

DOM
SHUUUU
シュウウウウウ
...
Ami-
dama-
ru...
BWUOF
...!

ABRUTI !
TU AS
ENCORE
BRISÉ MON
SABRE...!!
DOM

DASH
POURTANT JE T'AVAIS DEMANDÉ D'Y FAIRE GAFFE, ABRUTI !
...!
ET TOI ALORS ?! TU M'AS FAIT ATTENDRE PENDANT 600 ANS !
DASH
MAIS ?!!
ET MAINTENANT, ILS SE METTENT À SE BATTRE ?!
GWUOF
...!!
HE

Amidamaru, j'avais vraiment envie de te revoir...

Moi aussi, Mosuke...!

ILS SONT VRAIMENT IDIOTS CES GARÇONS...
IL FAUT TOUJOURS QU'ILS EN RAJOUTENT QUAND ILS SE RETROU-VENT.
MAIS ?
JE COMPRENDS PAS TOUT...?

MAIS...

ZBAAM
ドサアッ
... COMME ÇA, RYÛ A PU SE RENDRE UTILE. TU TROUVES PAS ?

GRÂCE À L'INTERVENTION D'ANNA, MOSUKE S'EST RÉINCARNÉ MOMENTANÉMENT DANS LE CORPS DE RYÛ. MOSUKE S'EST RENDU CHEZ UN FORGERON EN VILLE POUR REDONNER VIE AU SYMBOLE DE L'AMITIÉ QUI L'UNIT À AMIDAMARU, LE SABRE "HARUSAME".
L'AFFAIRE DE TOKAGEROH NOUS AURA LAISSÉ UNE CHOSE, UN NOUVEAU COPAIN, BOKUTOU NO RYÛ.

SHAMAN KING CHARACTER FILE No.13

TOKAGEROH 1999

Né le 14 novembre 1374 - mort à 35 ans
Signe astral : Cancer
Groupe sanguin O

Épisode 26

L'ÉTOILE PAR LAQUELLE TOUT COMMENCE

MMH
SUH...
GLOUPS
...!!
...!
...
J'Y VAIS !!!
FUSION !!!
VLAF
GTAP

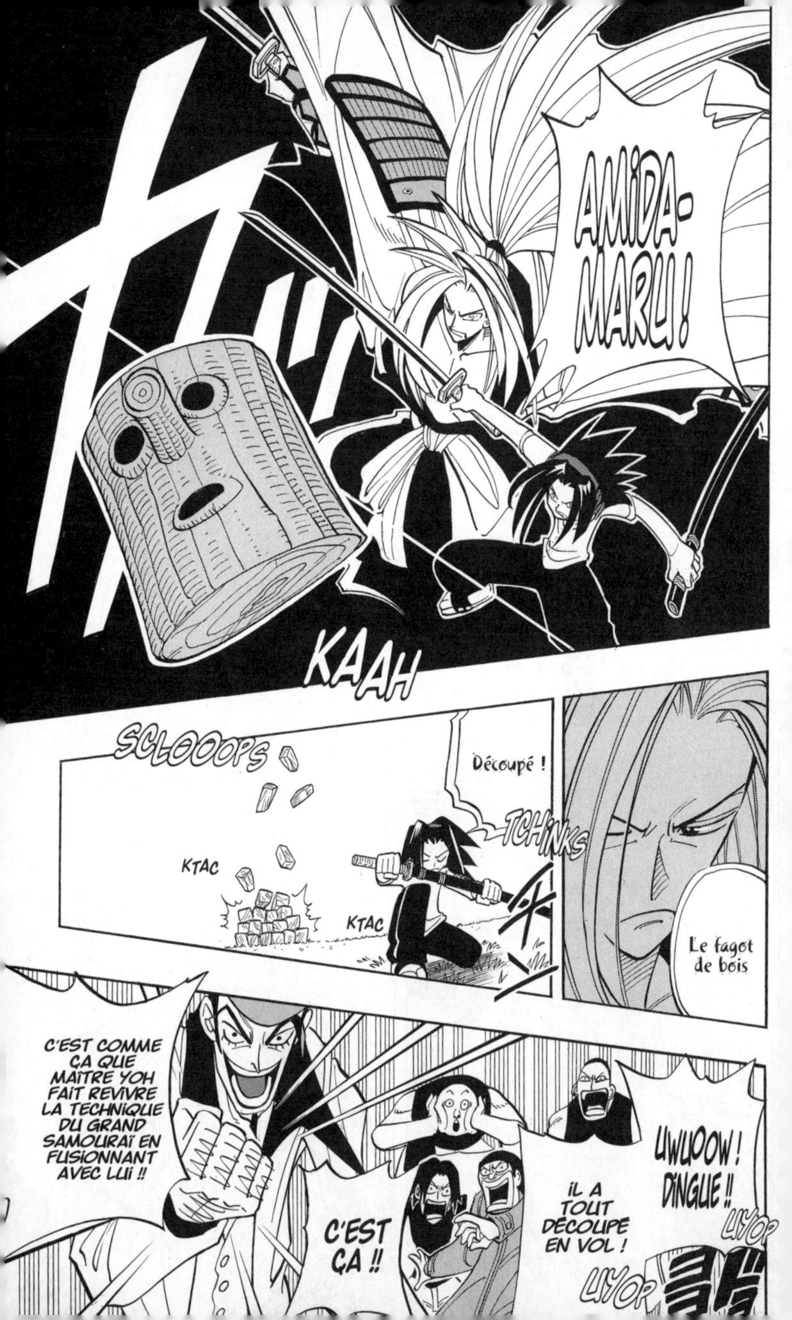
AMIDA-MARU !
KAAH
Le fagot de bois
Découpé !
TCHINKS
SCLOOOPS
KTAC
KTAC
UWUOOW ! DINGUE !!
UYOR
IL A TOUT DÉCOUPÉ EN VOL !
C'EST ÇA !!
C'EST COMME ÇA QUE MAÎTRE YOH FAIT REVIVRE LA TECHNIQUE DU GRAND SAMOURAÏ EN FUSIONNANT AVEC LUI !!
UYOR

0,3 SECONDE POUR LA FUSION.
C'EST UN TEMPS TRÈS CORRECT.
AMIDAMARU, TANT MIEUX, ON SERA PAS PRIVÉS DE DINER CE SOIR.
Voilà une bonne chose pour cette nouvelle année.
FUH FUHH
AHAHA
OUF
PRIVÉS DE DINER ?!
GLANG
MANTA, POUR QUE L'ENTRAÎNEMENT PORTE SES FRUITS, IL FAUT DES CONTRAINTES.
ZUiP
LES GARS, REGARDEZ BIEN ÇA !
LE TRÈS PROMETTEUR ROOCKY SHAMAN VA VOUS MONTRER CE QU'IL SAIT FAIRE !
CRAC
CRAC
EN AVANT !!!
FUSION !!!
GLOPS
GRAND MAÎTRE AMIDA-MARU !!!
RAAAAH

DASH!
UWA-AAW !! CHEF !!
MAIS IL FAIT VRAIMENT N'IMPORTE QUOI !
IKS IKS
IKS
PIKS

MERDE... JE CROYAIS QUE J'AVAIS DES POUVOIRS ?!
GROS BALOURD !
TU TE CROYAIS PEUT-ÊTRE CAPABLE DE FAIRE ÇA ? ERREUR !
GRUUU
PTOP
ZUM
TU AS JUSTE SERVI À RECEVOIR TOKAGEROH.
ET POUR MOSUKE, C'EST MOI QUI T'AI FAIT FUSIONNER AVEC LUI.
SNIF
SNIF

IL Y A UNE DIFFÉRENCE ENTRE SE FAIRE FUSIONNER ET LE FAIRE PAR SOI-MÊME !!
ZUM
ALLEZ, VOUS GÊNEZ L'ENTRAÎNEMENT ! DÉGAGEZ !!

URKS
URKS

BOSS, FAUT PAS PLEURER COMME ÇA...
ÇA TE RESSEMBLE PAS...
IL FAUT PAS S'EN FAIRE POUR ANNA, ELLE EST TOUJOURS COMME ÇA.
FUMBARI BOWLING
HIKS
ヒクッ
HIKS

MANTA, FERME-LA ! TU SAIS RIEN.
POURQUOI LE MAÎTRE EST AUSSI FORT ET PAS MOI ? SNIF...
IKS

C'EST NORMAL, YOH SUBIT UN ENTRAÎNEMENT DEPUIS SON ENFANCE.
S'IL EXISTAIT UN MOYEN DE DEVENIR AUSSI FORT, MOI AUSSI JE...
カン
KLANKS

...

MANTA, QU'EST-CE QU'IL Y A ?
JE ME SUIS SOUVENU QUE YOH REGARDE SOUVENT LES ÉTOILES...

LES ÉTOILES ?
CE SOIR LE CIEL EN EST REMPLI.

OUI, C'EST UN CIEL D'HIVER TYPIQUE.
MAIS, J'EN VOIS PLUS QUE D'HABITUDE.
MOI, ÇA ME FAIT FROID DANS LE DOS.
ON DIT SOUVENT QUE LES ÉTOILES MONTRENT LE DESTIN DES GENS...
SI ÇA SE TROUVE, YOH ATTEND UN MESSAGE DES ÉTOILES.
IL Y A PEUT-ÊTRE UNE FORCE QU'ON IGNORE.
!
LE MESSAGE DES ÉTOILES ?!
MAIS OUI, BIEN SÛR !
UHM UHM
QUOI ?

ZBAA
À MOI, LES ÉTOILES !!!
DONNEZ-MOI DE LA PUISSANCE !!!
VLOON VLOON
MAIS ENFIN, C'EST IMPOSSIBLE !!!

FUMBARI

ZDOOOOM

ZDOOOZDOOOOOO
ドドドドオオオオオオ
GiRPS...

GYAAAAW !!!
LE BOSS A APPELÉ LES ÉTOiLES !!!
ZDAAAA
ダダー

BANDE D'iGNARES !! C'EST PAS MOi !! ET C'ÉTAiT QUOi CETTE ÉNORME COMÈTE ?!
iLS N'EN ONT PAS PARLÉ À LA TÉLÉ !!
いやーよ
UYOO

C'EST TERRiBLE !!
iL FAUT QUE J'AiLLE PRÉVENiR YOH !!

...
ENFIN LA VOILÀ...
ZDOOOO

WAH... IMPRESSIONNANT !!
ELLE EST ENCORE PLUS GRANDE ET PLUS ÉBLOUISSANTE QUE ME L'AVAIT DIT GRAND-PÈRE...

C'EST L'ÉTOILE MYTHIQUE QU'ON ATTEND TOUS...

LE RAGÔ ...!!
WUOOOO
オオォオオ

RA...
RAGÔ...?

AH, MANTA, T'ES LÀ ?!
MAIS C'EST TERRIBLE !!!

TU CONNAIS CETTE ÉTOILE !!
ELLE N'EST MÊME PAS MENTIONNÉE DANS L'ENCY-CLOPÉDIE !
Encyclopédie
ET POURQUOI TU L'ATTENDAIS ?!

DANS LE MIKKYÔ (ÉCRITS ÉSOTÉRIQUES), IL EST QUESTION D'UNE MYSTÉRIEUSE ÉTOILE DU NOM DE RAGÔ QUI SERAIT ANNONCIATRICE DE LA CATASTROPHE.
ON DIT AUSSI QU'ELLE PASSE UNE FOIS TOUS LES 500 ANS À PROXIMITÉ DE LA TERRE EN COMPAGNIE DE L'ÉTOILE KEITO POUR APPORTER SON LOT DE DÉSOLATION.
RAGÔ
KEITO
Carte des astres dans le Mikkyô
LA CATASTROPHE ...?
OUI...
JE N'AI PAS ENTENDU PARLER D'UNE TELLE CATASTROPHE AU COURS DE CES 500 DERNIÈRES ANNÉES...
POM

ÇA NE M'ÉTONNE PAS.
IL Y A TOUJOURS EU UN SAUVEUR QUI TRANSFORMAIT LA CATASTROPHE EN UN ÉVÉNEMENT CONSTRUCTIF.
ON L'APPELLE AUSSI "ÉTOILE DU SHAMAN". ELLE VIENT ANNONCER SUR TERRE LE DÉBUT D'UNE NOUVELLE ÈRE.

LE SAUVEUR ...?!
C'EST...

...PEUT-ÊTRE...

OUI.

IL S'AGIT DU SHAMAN KING.

LES DEUX ÉTOILES FONT LE TOUR DE LA TERRE...

... POUR TRANS-METTRE LE MES-SAGE À TOUS LES SHA-MANS DE LA TERRE.

LE MESSAGE DU GRAND RENOUVEAU.
NEW ALBUM
Hi Butsu
B-Z
B-Z

ZDOOOOO ZDOOOOO
DES ÉTOILES EFFRAYANTES...
LES PRÉVISIONS ASTRALES DE MON GRAND-PÈRE ÉTAIENT EXACTES... ELLES SONT LÀ...
LE DÉBUT DES COMBATS POUR ÉLIRE LE ROI DES SHAMANS. L'OUVERTURE DES HOSTILITÉS...

FUHM...!
IL N'Y A RIEN À CRAINDRE !
BRUUU
CETTE LUMIÈRE ÉBLOUISSANTE... ON DIRAIT PRESQUE UN VOEU.

OUI, POUR QUE JE DEVIENNE LE SHAMAN KING !!
ZWAA
...
TU AS RAISON, REN...
...

3 : "L'ÉTOILE PAR LAQUELLE TOUT COMMENCE" FIN

Les classiques

Légendaire : "Saint Seiya - Les Chevaliers du Zodiaque" de Masami Kurumada.

Le récit des mythiques chevaliers sacrés de la déesse Athéna. La série s'est achevée après 28 volumes. Seiya, Shiryu, Hyoga, Shun et Ikki sont déjà dans la légende...

Subtile : "Détective Conan" de Gosho Aoyama.

Plus fort que Sherlock Holmes et Hercule Poirot réunis : Conan Edogawa. 6 ans d'apparence physique, mais 17 ans en réalité. Aucune énigme ne lui résiste, aucune vérité ne restera cachée...

Fantastique : "Yuyu Hakusho" de Yoshihiro Togashi.

L'histoire d'un mauvais garçon qui se met au service de l'au-delà pour sauver l'espèce humaine. Super-pouvoirs, super-héros, super-ambiance...
Les 19 volumes retraçant l'histoire complète disponibles en version française !

Imbattable : "Slam Dunk" de Takehiko Inoue.

Quand un voyou rebelle entre dans l'équipe de basket du lycée par amour pour une jolie camarade de classe. L'ascension d'une équipe de basket composée de fortes têtes. Peut-être le meilleur manga de sport du 20e siècle.

Les outsiders

Captivant : "Yu-Gi-Oh!" de Kazuki Takahashi.

Un mystérieux pendentif magique vient réveiller la deuxième personnalité qui sommeillait au fond du calme et gentil Yugi. Commencent alors des duels de cartes dont le seul objectif est de faire triompher la justice...

Imprévisible : "Hunter x Hunter" de Yoshihiro Togashi.

Les aventures du jeune et candide Gon qui veut retrouver son père. Il doit commencer par devenir Hunter, une sorte d'aventurier des temps modernes. Comme le héros, le lecteur ira de surprises en surprises...

Surprenant : "Shaman King" de Hiroyuki Takei.

Ne devient pas Shaman King qui veut. Yoh Asakura semble avoir toutes les aptitudes pour cela mais il n'est malheureusement pas le seul à vouloir ce titre suprême...

SHAMAN KING

7, avenue P-H Spaak - 1060 Bruxelles
3ème édition

First published in Japan in 1998 by Shueisha Inc., Tokyo
French language translation rights in France arranged by Shueisha Inc.
Première édition Japon 1998

Dépôt légal d/2000/0086/142
ISBN 2-87129-279-5

Conception graphique : Les Travaux d'Hercule
Traduit et adapté en français par Sébastien Gesell
Lettrage : Eric Montésinos

Imprimé en Italie par G. Canale & C. S.p.A. - Borgaro T.se (Torino)